叛逆老人は死なず

叛逆老人は死なず

鎌田 慧

Satoshi KAMATA

岩波書店

はじめに

まわりを同年代の男女が歩いていく。肩にかけた小さなリュックサックのポケットから、ペットボトルが覗《のぞ》いている。

山歩きではない。東京。地下鉄「永田町」や「国会議事堂前」駅。プラットホームに降りたった老人たちが、キッと前を見て地上にむかう。デモに参加するひとたちだ。

頼もしい。「今日は多いぞ」とか、「今日はすこし少ないなぁ」などと、わたしはひそかに計りながら、国会議事堂正門に近づいていく。参加者が多い日は、老人たちの笑顔で電車のなかが明るい。

「若者がいない」と言ってもはじまらない。いまの若者の空白には、六〇年安保世代やそのあとの全共闘（団塊）世代など、戦後民主主義を食いつぶした者の責任がある。つぎの世代につなげる努力を怠ってきたのだ。

「安倍一強」と言われながらも実際は内向きな首相で、妻の知人に国有地を安く払い下げるとか、「腹心の友」の事業の便宜を図ってやるとか、みみっちい。自分に都合の悪い記録は改ざん、隠蔽《いんぺい》、廃棄。担当した官僚の自殺者まで出していながら、内省の気配はさらさらない。

第四次安倍晋三内閣は、右寄りの団体で知られている「日本会議」の重要なメンバーである「国会議員懇談会」の幹部や、宗教団体「統一教会」(世界平和統一家庭連合)に関わりの深い議員で固められている。「必ずや(改憲を)成し遂げていく」と力んだのだが、二〇一九年九月の内閣改造から一カ月半で、経産相、法相が連続辞任のお粗末。文科相、防衛相も失言で謝罪。街頭演説で野次《やじ》った者は、男女を問わず警官に排除させた。政治が幼稚化し、傲慢《ごうまん》になっているのを見るのは、いたたまれない。

将来、安倍内閣が裁かれるとき、その罪状は、隙あらば「平和憲法」九条の改悪を言い募っていたこととなろう。七十余年前の日本の戦争によって、内外ともに膨大な犠牲者(国内三一〇万人、国外二一〇〇〇万人)によってあがなわれた敗戦後の初心、「戦争放棄」の誓いをご破算にする罰当たり。祖父・岸信介《のぶすけ》元首相の怨念を受け継ぐ暴政である。

秘密保護法、周辺事態法、集団的自衛権容認など、あたかも戦前の治安維持法下の亡霊が彷徨《さまよ》っているような、戦争に傾斜するグロテスクな時代を招くに至ったのは、われわれ老人が、平和の恩恵のなかに安閑《あんかん》と暮らしてきたからだ。

その罪を思えば、すこしくらい身体にむりをさせても、若者不在の空白を埋めなければならない。一緒にデモにでていた同年代の仲間が、姿をみせなくなり、やがて訃報がくる。しかし、広場や街頭に若者たちがまた姿をあらわすまで、それまでが叛逆老人の役割なのだ。

財田川事件弁護人、矢野伊吉

最近、わたしは矢野伊吉《いきち》の勇気をよく思いかえす。高松地裁丸亀支部の裁判長に着任した矢野は、大阪拘置所から送られてきた、見ず知らずの確定死刑囚・谷口繁義《しげよし》の手紙をたまたま眼にした。無実を訴える手紙だった。矢野は早速、大阪に出向いた。

定年に間近い矢野の情熱は尋常ではない。谷口に面会し、資料を精査した。その結果、矢野は冤罪《えんざい》を確信、本人に手続きを取らせ、二人の陪席裁判官の同意をえて、再審開始決定の準備をはじめた。ところが、二人の陪席裁判官は急に反対にまわった。矢野は退官に追い込まれ、谷口の無償弁護人となった。あたかも荒野に叫ぶかのように、死刑囚の冤罪を訴え続けて一三年、彼は自分がこじ開けた再審裁判がはじまってまもなく、病を得て七一歳で他界した。徒手空拳、自分の信念に殉じた。エリート裁判官にできることではない。

矢野は独学で法律を学び、高等文官試験司法科合格、裁判官を天職と信じていた、苦学力行の人だった。戦時中は朝鮮総督府の判事、戦後は網走《あばしり》など遠隔地の小法廷に勤務していた。胸の奥底に、いつごろから叛逆の導火線を抱えるようになったのだろうか。

矢野が死去した一年後の一九八四年三月、高松地裁は「財田川《さいたがわ》事件」再審の結果、無罪判決を言い渡し、死刑囚・谷口繁義は三四年ぶりに釈放された。もしも矢野が救出に動かなかったなら、谷口は忘れ去られた死刑囚として、獄死していたのは間違いない。

確定死刑囚の再審開始は、財田川事件が嚆矢《こうし》(無罪判決は免田《めんだ》事件が八カ月先)である。財田川事件が知られるようになったきっかけは、矢野が自費で発行していたいくつかのパンフレットだった。そのパンフを再構成して『財田川暗黒裁判』(立風書房)を編集したのが、わたしの高校同級生・白取清三郎だった。わたしは彼の情熱に打たれて協力するようになった。

あるとき、矢野は脳出血の後遺症によって不自由な右の拳で、座卓をガツンと叩き、もつれる舌で「ダッカン」と叫んだ。わたしは「エッ?」と聞き直した。「谷口奪還」の意だったのだ。

「あたりをはばかることなく、自己の信念を叫びつづけるものは、この世では、奇人、変人あつかいされる。しかし、彼の全生涯を賭けた主張は、みごとに報いられた。その意味では矢野さんは幸せだったにちがいない」とわたしは、谷口無罪を告げる高松地裁の法廷に立ち合っていた感慨を、週刊『朝日ジャーナル』に速報した。

辺野古闘争は「おじぃ、おばぁの運動」

市民にとって裁判所は、カフカの『城』のように遠い。それでも、石川県の志賀《しか》原発停止の仮処分を求めた訴えにたいして、二〇〇六年、金沢地裁は地震による原発被害に言及して、運転差し止め判決を出した。さらに福島原発事故を受け、二〇一六年三月、大津地裁は、高浜原発運転差し止め仮処分判決を出した。ともに原発の危険性に真っ向から切り込む判決だった。

志賀原発の運転にたいして、歴史的な判決を出した金沢地裁・井戸謙一裁判長(65)は、その後、大津地裁の勝利判決を引き出した弁護士として活躍している。権力に弱い裁判官への不信が強いなかで、珠玉の存在である。

『絶望の裁判所』（講談社現代新書）を書いた瀬木比呂志(65)は、裁判官歴三〇年、悪名高い最高裁事務総局に二年間勤務した経験の持ち主だが、日本の市民は、「裁判所が、三権分立の一翼を担って、国会や内閣のあり方を常時監視し、憲法上の問題があればすみやかにただし、また、人びとの人権を守り、強者の力を抑制し弱者や社会的マイノリティを助けるという、司法本来のあるべき力を十分に発揮する様を、まだ、本当の意味では、一度としてみたことがないのではないか」と断じている。

が、そうばかりではない。原発裁判では、井戸謙一裁判長につづいて、樋口英明裁判長(67)も、大《お》飯《い》原発再稼働を差し止める判決を福井地裁で出している。

「裁判所は自由です。自由に自分で判断ができますから、責任の幅は大きい。だから責任は大きい」と樋口は講演「いのちを大切にする社会をつくる」で語っている。

どこか取り澄ましたイメージがある元裁判官でありながら、抗議運動の現場で、激しく安倍内閣を痛罵《つうば》しているのが、仲宗根勇《なかそねいさむ》(78)である。沖縄県北部、東村高江《ひがしそんたかえ》。すこし南へ下がった辺野古《へのこ》基地建設と連動する、オスプレイパッド建設工事の現場に、毎日のように姿をあらわして、法的批判の長広《ちょうこう》舌《ぜつ》をふるって、過激である。

いま、叛逆老人たちが、もっともよく集まってくるのは、名護《なご》市の辺野古テント村である。米軍の辺野古新基地を造らせないための座り込みは、キャンプ・シュワブ門前の国道沿いにテントを張った二〇一四年七月から、五年を超えた。そこから三〇キロほど北にある、高江オスプレイパッド工事阻止のテントに座り込んでいた人たちが、またここに集中したのだ。
高江のオスプレイパッド建設反対運動のリーダーだった山城博治《やましろひろじ》(67)は、これから「共謀罪」の対象になる「威力業務妨害」などの罪名で逮捕され、五カ月間も不当に勾留されていた。さまざまな抗議行動によってようやく釈放され、いままた反対運動に復帰している。

もともと辺野古のテント運動は、一九九六年、当時のモンデール駐日大使と橋本龍太郎首相との「SACO(沖縄に関する特別行動委員会)合意」によって、辺野古の海上に米軍基地を建設する、と発表されてから、辺野古海岸ではじまっていた。

翁長雄志《おながたけし》沖縄県知事は、革新推薦だった大田昌秀《まさひで》元知事とはちがって、長いキャリアをもつ自民党の政治家だった。が、米軍新基地・辺野古建設に反対する運動のなかで、「叛逆知事」に急転回した。戦時中、もっとも悲惨な戦場となった沖縄に、またあらたな米軍基地が建設される、という危機感が、「オール沖縄」の運動を押しひろげた。この運動を受けて当選した翁長知事は、安倍内閣に一歩も引かず、中央対地方の対等性、地方自治の精神を全身で示して、必死の抵抗を続けていた。

二〇一七年三月二五日、キャンプ・シュワブのゲート前、「違法な埋立工事の即時中止・辺野古新基地建設断念を求める県民集会」で、三五〇〇人の参加者の前で、翁長知事はこう語った。

「今日を期して新たな闘いのスタートだ。私は銃剣とブルドーザーで米軍基地がつくられていった米占領下を思い出す。いま、辺野古で同じことが行われようとしている。あらゆる県の権限を行使して、埋め立て承認の撤回を力強く必ず行う」

これにたいして日本政府は、知事権限の乱用として、埋め立て工事が中断した間の損害額を算出して、個人資産で返させる賠償を求める、と脅かした。これは地方自治を踏みつぶす弾圧である。翁長知事は工事を止めるためには、夫婦での座り込みも辞さない、と憤激を強めた。

二〇一六年一一月、九四歳で亡くなった嘉陽宗義《かようむねよし》は、テントにやってくる新顔を見かけると、にこにこしながら「アリと象とが喧嘩《けんか》したら、どっちが勝ちますかな」などと謎をかけるように話しかけていた。金城祐治《きんじょうゆうじ》は辺野古の「命を守る会」の代表だったが二〇〇七年五月、七二歳で他界している。いま、毎日のように座り込みにやってくる最長老は、島袋文子《しまぶくろふみこ》(90)。車イスを押してもらってだが、「暴力事件」の嫌疑で、警察に出頭を命じられて取り調べられた。が、黙秘で貫いて意気軒昂である。

辺野古海岸の闘争は、キャンプ・シュワブ前テントより早く、すでに二一年に及んでいる。おじぃ、おばぁの運動として、よく知られているこの闘争は、これまでにさまざまな叛逆老人を生み出した。日本各地からやって来た老若男女がここに逗留し、海上に鉄パイプで組んだ測量用の櫓《やぐら》を占拠して座り込んだ。この非暴力闘争は老人中心で、カヌー隊は壮年層と若者が多い。

高江のオスプレイパッド建設反対が盛んだったころ、水曜日と土曜日の朝五時、県庁前から座り込み地点にむけて、貸し切りバスが出発していた(いまも辺野古座り込みのバスが出ている)。六〇代以上がほとんどで、機動隊から排除されるのは覚悟のうえだった。

この運動に参加しているわたしの友人・知人は、建築家の真喜志好一《まきしこういち》(76)、彫刻家の金城実《きんじょうみのる》(80)、辺野古テント村村長の安次富浩《あしとみひろし》(73)、照屋秀伝(83・元沖縄市役所職員)、北上田毅《きたうえだつよし》(74・元京都市役所職員）。女性では平良《たいら》悦美（85）、大城《おおしろ》博子（68）、上間《うえま》芳子（74）などで、七〇歳から八〇歳前後のユニークな叛逆老人にこと欠かない。

真喜志好一は建築家として知られているが、アトリエの書棚は弁護士事務所のように、裁判資料や運動の資料がギッシリ。わたしは那覇空港に着くと、彼の事務所に直行して、最新の情勢についてのレクチュアを受ける。わたしと同年の金城実は、風貌からして叛逆老人。白いあご髭を長く垂らして、手を振って熱弁をふるう。巨大な彫刻「抵抗する農夫像」をつくってトラックに載せ、平和運動の全国キャラバンをやっていた一九七〇年代に知り合った。

タイトルを「英霊か犬死か――沖縄から問う靖国裁判」（琉球朝日放送）とするテレビドキュメンタリー（ディレクターは三上智恵）で、「父親は犬死だ」と主張したのには、驚かされた。沖縄だからこそ妨害に遭わずに放映された、のかもしれない。戦死した父親を靖国神社の合祀から外させる裁判や、京大に収納されている沖縄人の遺骨を取りもどす裁判をはじめ、沖縄のさまざまな運動に登場している。

わたしの叛逆老人のイメージは、ほぼ半世紀前、三里塚《さんりづか》闘争（成田空港反対闘争）で出会った老人たちによって形成されている。この農民の大闘争をつづけた三里塚・芝山連合新東京国際空港反対同盟には、青年行動隊、婦人行動隊とともに、老人行動隊が組織されていた。それまではほとんどが自民党支持者だった農民である。

反対同盟委員長の戸村一作は七〇歳で病死したが、委員長に担がれたときが五七歳。一緒に闘った農民たちは、ほぼ同年代だった。わたしがよくお会いしていた、石井勉、岩沢吉井、小川源、小川嘉吉、熱田一、秋葉哲なども六〇代。逮捕者も多かった。一九七八年の開港時、わたしは三九歳だった。

この頃、「死者共闘会議」と書いたことがある。死者はいつまでも若い。いつもともにある。三里塚・空港反対、開発・公害反対、そして、原発、沖縄闘争。わたしは、全国各地、死者となった多くのひとびとの運動に励まされ、書きついできた。

一九七一年、やがて、核燃料センターとして、未完の核廃棄物再処理工場が建設されることになる青森県六ケ所村で、開発反対の住民闘争の中心人物になった寺下力三郎村長は、五九歳だった。八六歳で他界するまで開発反対を叫びつづけてきた。

この本は、地域のひとびとの意見を無視し、大企業の利益優先の原発政策と米軍の戦争に加担するために憲法を変えようとする、民主主義無視の中央強権政治にたいする運動のなかで書くことができた。

平和の時代を生きてきた者の、せめてもの恩返しと若者の未来への期待でもある。

目次

カバー装画　ヤギワタル

I

叛逆老人は今日も行く

叛逆老人は今日も行く

ひとりになっても

反公害闘争、労働運動、開発反対、反原発などの大衆運動の場で、ひとり最後まで闘い抜いて亡くなったひとたちがいる。欲得なし、名誉欲なし。ただ妥協なく闘い、全うした。仕事柄、そのようなひととお会いすることが多かった。おなじ場に自分がいたら、そこまでできたか、とわたしはいつも自分に問いかける。

取材の長かった六ヶ所村（青森県）には、各部落ごとにひとりほど、叛骨の人物がいた。新納屋《しんなや》部落の小泉金吾さんはその代表格で、生きていればいま九〇歳、亡くなって一〇年ほどになる。大工さんだったが、一〇代の頃は、敗戦後、米軍に接収されることになる三沢飛行場建設に、徴用工や朝鮮人、囚人たち一五〇〇人ほどと働いていた。

一九六九年五月、新全国総合開発計画が閣議決定された。いわば、のちの田中角栄内閣の「日本列島改造計画」で、その主要計画「むつ小川原巨大開発」の中心が、六ヶ所村だった。実はそのまた中心の秘密計画が、再処理工場などの「核燃料センター」だったのだ（発表は一九八四年一月）。

新納屋は太平洋岸の港町。八戸《はちのへ》近辺から漁労にやってくるひとたちが、地名にあるように、「納屋」をつくって定住するようになった集落である。金吾さんは四代目だった。

鳴り物入りの開発地域は、一万七五〇〇ヘクタール。ただ同然の原野に値段がついた。それが二カ月後には、七九〇〇ヘクタールに縮小、一年後には五五〇〇ヘクタール。立ち退き区域から外れた地域のひとたちは、開発への期待から賛成派に変わった。

「財界と自民党は、怖《お》っかな風を吹かせて乗り込んできたのせ。表と裏を合わせてみれば面白いもんで、最後までここに居座って、答えをみたい。最後は石をぶっつけられても覚悟のうえだ」

「怖っかな風」というのは、国家事業だから強制収用がある、というものだったが、開発は「国家的事業」であっても、国家事業ではない。強制収用などはない、とわたしは主張して、村をまわった。

小泉さんは腕を振り上げ、早口の熱弁で激越。その言葉どおり、全戸が「新住区」という地域に移転しても、そこは「心中苦」だと笑って言って、死ぬまで新納屋一戸だけの住民だった。

下北半島の大間《おおま》原発の建設に反対して、ついに電源開発の敷地計画を変更させた熊谷《くまがい》あさ子さんの哲学は、「畑と海があれば食っていける。畑と海がなくなれば食っていけない」というものだった。

「あさこはうす」はいまも完成する見通しのない「大間原発」のそばに建って、反原発の強い意志を示している。長女の熊谷厚子さんは「さようなら原発全国集会」には、毎回かならず参加している。

脱原発に結集「六〇年安保」の学生OB

一九七〇年から八〇年代、成田空港建設反対闘争のなかでの、地元農民による眼光鋭い「老人行動隊」員に、わたしは畏怖《いふ》の念を抱いていた。各地の原発建設反対運動にも、老人たちの姿が目立っていた。原発建設計画地として、僻地《へきち》が狙われていたから、若者たちはいない。若者の留守を狙って原発がつくられた、ともいえる。

最近まで、叛逆老人たちが集中していたのが、無機質なビル街に突如としてあらわれた、霞が関の「経済産業省前テントひろば」である。福島原発事故が発生した二〇一一年三月一一日、その事故から半年たった九月、原発推進機関の経産省を「人間の鎖」で包囲する行動があった。その余勢をかって、座り込みが始まった。

一週間後の九月一九日には、いまはオリンピック工事でつぶされた明治公園で、「さようなら原発」六万人集会が開かれ、脱原発運動は一気に盛り上がった。「さようなら原発」運動は、内橋克人、大江健三郎、落合恵子、坂本龍一、澤地久枝、瀬戸内寂聴、辻井喬《たかし》、鶴見俊輔、鎌田の九人の呼びかけ人ではじめられた。大江さんは、デモの先頭によく立った。ジーンズの上衣を着てダンディ。「健脚ですね」と驚いて言うと、息子とよく散歩しているから、と応じた。

これらの運動を準備したのは、一九六〇年安保反対闘争のころ学生だった、七〇歳過ぎの老人たちである。新安保条約批准の六月にむけた国会を取り囲むデモに、各地の大学から毎日のように、わたしたちは参加していた。卒業、就職して定年、そして老境を迎えていた、その人たちが、また国会周辺の路上にもどってきたのだ。

いまは、大学のキャンパス内での、政治的な集会は禁止されるようになった。文科省の大学管理が強まり、就職氷河期が、社会に出る前の学生たちを委縮させた。「大卒」は社会への優待券ではなくなり、就職浪人がふえ、非正規労働者が四割となり、学生たちを政治から遠ざけた。さらに、七〇年代から新左翼運動内で「内ゲバ」がはじまり、敵対して殺し合い、キャンパス内は荒廃した。経産省前テントに座りこんでいた老人たちのほとんどが六〇年安保時代の学生だから、七〇年安保時のような殺伐たる運動は経験していない。そのこともあって、さまざまな大学のOBで和気藹々《あいあい》としている。

もはや失うものなし

テント村の村長になった淵上太郎は、小さな印刷会社を経営していた。副村長の正清太一は東京のある区の議員、江田忠雄はテレビ局をやめて映像プロダクションをやっていた。下山保は東京下町で都営住宅の住民相手の生協をつくって活動していた。著述業の三上治もいる。

類は友を呼ぶ。友だちと友だちの輪がテント村からひろがった。わたしは応援団長にされて、「霞が関のテントは、日本のヘソであり、反原発の象徴である。日本の『象徴』のお屋敷のすぐそばにできた、新しいシンボルである。だれでも寄っていける峠の茶屋である」と賛辞を送った。

夜はまったく人けのない官庁街が、二四時間、人間が出入りする人間的なムラになった。全国からいろんな老若男女がやってきては泊まって帰った。年寄りが日がな一日ベンチに座っていて、夜は地べたに寝る生活をほぼ五年つづけ、身体には大きな負担になった。

経産省はテント撤去と土地の明け渡しを要求。テント側は経産省にたいして、人間生活を破壊した原発事故の責任を追及、表現と言論の自由を主張したが、最高裁は経産省を支持。テントは強制撤去された。しかし、テントはなくなっても、いまもおなじ場所に横断幕を張って、毎日、変わらぬ座り込みをつづけている。

都の職員だった柳田真は、デザイナーの鈴木千津子と一九八九年に「たんぽぽ舎」を創設して反原発運動をひろげ、山田和明、天野恵一《やすかず》などと「原発現地へ行く会」をはじめた。小口のカンパを集め、その資金で各地の再稼働反対集会に行く人の交通費のうち、一万円を補助しようという運動で、わたしも提案者の一人である。「お金のある人はお金を、時間のある人は時間を」。これがカンパ募集のスローガン。川内《せんだい》(鹿児島)、伊方《いかた》(愛媛)、泊《とまり》(北海道)、高浜(福井)などへ行く五〇〇〇人以上の参加者を応援した。

この人たちとおなじ世代(八〇歳前後)のわたしは、たとえば、国会前集会の演壇から、安保法制や共謀罪強行採決を批判するとき、胸に去来するのは、一九六〇年の夏、「岸を倒せ!」と叫び、いま「アベを倒せ!」と声をあげる、この六〇年にわたる、安倍一族強権支配への無念さである。若者たちが学園や職場から、また街頭に出てくるまで、もうすこし頑張って生を終えようと思う。わたしたちはもはや失うものはない。(淵上太郎、二〇一九年三月死去、七六歳。正清太一、同年四月死去、八〇歳)

戦前を知る叛逆老人たちの覚悟

「弾圧法が沖縄で真っ先に適用」

安倍政権がいまもっとも憎しみをこめて攻撃しているのが、沖縄の住民運動である。

北部の高江《たかえ》地区のオスプレイパッド建設は、住民の非暴力直接行動に遭って、いいかげんな「完成」で終わった。いまも、辺野古《へのこ》のジュゴンが来る海に、米軍新基地建設のために、大量の土砂が非情にもそそぎ込まれている。胸が苦しくなる光景である。

保守派の翁《お》長雄志《ながたけし》知事を先頭に県民一体となって、新基地建設にたいする反対運動がつづけられているのは、先の戦争で住民の四人に一人が犠牲にされた、痛恨の歴史があるからだ。

反基地闘争で逮捕された、沖縄平和運動センターの山城博治《やましろひろじ》議長は、公務執行妨害などの容疑で、がん手術の後だったにもかかわらず、一切の手加減なく、五カ月間もの長期間にわたって、勾留された。運動のリーダーにたいする、共謀罪の先駆けといわれている。

「この弾圧法が沖縄で真っ先に適用される恐れがあります。全国の大衆運動のひとたちと力を合わせ、悪法に萎縮しないで、発効を封印する運動をつづけます」
という山城さんは、勾留中、取調官に集会に参加したひとたちの写真を見せつけられ、名前を告げるよう強要された。「共謀」した共犯者を割りだす手法である。警察は七人も逮捕して、「共謀」という言葉を押しつけ、共犯関係がある、というストーリーにしたかったようだ。

山城議長の「指示」と「共謀」の事実をつくろうとしたのだが、その事実はなく、証拠もない。山城さんは強く否認、現行法ではそれ以上のことはできない。

しかし、二〇一七年六月に強行採決されたテロ等準備罪法案では、仲間の誰かが何かをしていれば、「一網打尽」にできる。そのためには誰かの供述があればいい。すでに「司法取引」制度が導入され、捜査に迎合して罪を仲間になすりつければ、罪を軽くしてもらえる。非道の体制、密告の推奨である。

山城さんの容疑のひとつは、「傷害罪」だが、傷害を加えた事実はまったくない。また「公務執行妨害」でも、座り込んでいたのは高江地区の村道や県道であって、他県から来た機動隊が手続きもなしに、規制できる道路ではない。

基地のゲートの前にブロックを積んだ行為を、威力業務妨害と言うが、それまでも何度も積み上げていた。数が急にふえたから、いきなり威力業務妨害、とするには整合性がない。それでもまったく不当にも五カ月間も勾留した。「共謀罪」成立前の「共謀罪」適用だった。

「オイ、コラ、チョット待て」

威力業務妨害や共謀罪での処罰は、労組のピケや団交要求など、労働者の権利を否定して、戦前の治安維持法下のように、労働運動、市民運動を根こそぎ解体させることにある。

「高江や辺野古では、市民にたくさんの怪我人がでています。ブロックを積み上げたのは、それに対する防御であり、正当防衛です。集会、表現の自由の範囲内です」

と山城さんは主張している。政府の事業にたいする抵抗運動のリーダーを、不当にも長期間幽閉するのは、予防拘禁の復活である。テレビドラマ「3年B組金八先生」などの脚本でよく知られている、小山内《おさない》美江子さんは、こう言う。

「とんでもない法律です。若いひとたちはよく分からないかもしれない。戦時中に、わたしは警察から『オイ、コラ、チョット待て』と言われました。そのことを思い出すと、身体に震えがくるほどです」

長兄は予科練へ、次兄は広島の兵器学校へ行っていた。又従兄弟《またいとこ》が横浜鶴見の自宅に泊まりがてら遊びに来た。母親が兄のためにつくっていた着物をだすと、それを着て、女学生の小山内さんをつれて散歩にでた。と、薄明かりの背後で、「オイ、コラ、チョット待て」と声が掛かった。振りむいて見ると、制服の警察官だった。

「オイ、チャラチャラするな。いま、どんな時期か判っとるのか」

又従兄弟が「すみません」と謝った。「名前を言え」。警官は嵩《かさ》にかかった物言いになった。それで、

「陸軍中将の○○だ」

と名乗った。それを聞いて、警官はペコペコしだした。その態度の急変も不快な記憶だった。弱きに強く、強きに弱い警察国家だった。それがまたはじまろうとしている、と小山内さんは言う。

「悪法は通ってしまったけれど、どこまでも反対します。横浜事件でさえまだ解決していないんですから」

横浜事件とは、一九四二年に発生した、治安維持法下の思想弾圧事件である。六三人が検挙され、『中央公論』と『改造』の二誌が廃刊させられた。編集者四人が獄死した。「ひとを見たら共産主義者と思え」。温泉での出版慰労会が、秘密会議と疑われたのだ。

危険と思われた者を力で潰す。共謀罪の成立は、一強と言われる安倍政権の脆弱《ぜいじゃく》さの表れである。権力の横暴は洋の東西を問わず、神経質な権力者のパターンだが、権力の腐敗の始まりでもある。

明治末期に幸徳秋水《こうとくしゅうすい》など二四人が死刑判決を受け、そのうちの一二人が一挙に縊《くび》り殺された「大逆事件」は、天皇暗殺の実行でもない、未遂でもない、準備行為でもない、共謀ですらなかった。三、四人の若者の夢想にすぎないものを処刑した。「煙のような座談を事件に結びつけた」と管野須賀子《かんのすがこ》は、処刑される直前に書き遺した(『死出の道艸《みちくさ》』)。

一網打尽の野蛮が、共謀罪に引き継がれている。

戦争の恐怖を生き抜いてきた「老人」

このとき、検事長代理だった平沼騏一郎《きいちろう》の『回顧録』には、「事件が本当であれば秋水が首魁《しゅかい》に違いない」と判断した、とある。やがて首相となる男の事実認識とは、この程度のものだった。首相の無知と「腹心」たちの傲慢さは、現代にも重なっている。

のちに検事総長になる小山松吉は、検察官を集めた秘密の講和で、こう語った。

「幸徳伝次郎(秋水)は此《こ》の事件に関係ない筈《はず》はないと云うのが、当時の関係官吏一同の意見であったのであります。管野スガ(須賀子)はその内縁の妻であり、新村忠雄も宮下(太吉)も幸徳に無政府主義を鼓吹《こすい》せられて、弟子同様になって居る者でありますから——」

福島原発告訴団の武藤類子団長は、事故から六年たったあとの共謀罪の出現について、こう言う。

「沖縄のように、目に見える政府の暴力行為ではありませんが、目に見えない規制が強くなっています。人間の尊厳が打ち砕かれ、当たり前のことを当たり前に言えない。仲間の信頼感が薄れて、過激派とか、わがままな人とか、たがいにレッテルを貼るようになって、人々がバラバラにされていきそうです」

故郷を汚染され、希望を奪われた被災者の生活は、ますます困窮を深めているが、強制避難者ばかりか、補償のない「自主避難者」の生活は、さらに苦しい。

「厚顔無恥といいますか、聞く耳をもたない、むちゃくちゃ言っても通るのは、日本人の体質なんでしょうか」

武藤さんの安倍首相への批判である。九二歳の母親、仙台空襲の被災者だった十三子《とみこ》さんは、福島県三春町（みはる）のスーパーマーケット前で、「NO共謀罪」や「アベ政治を許さない」のプラカードを掲げて、スタンディングを続けている。

「がっかりした」「はかなかった」というのが、最近の口癖という。平和の時代が急速に悪化していることへの感慨だが、七〇歳を過ぎた老人共通の想いである。

秘密保護法、共謀罪、安保法制の強行採決は、安倍内閣の暴政の極みだが、最終目的は、憲法九条の改悪である。戦争放棄、戦力不保持の条項に、「自衛隊保持」をねじこみ、九条を破壊する地雷設置のような戦術だ。防衛大臣だった稲田朋美氏は、自衛隊を都議選運動に駆り出そうとして、猛批判を受けた。

「戦争させない・九条壊すな！総がかり行動実行委員会」の福山真劫《しんごう》共同代表は、こう言う。

「共謀罪は権力による監視社会の完成を目指しています。それを実施させない、廃止運動をはじめる。いままでの総がかり行動を超える総がかり行動を全国的につくります。憲法改悪と戦争参加、安倍政治はいま戦後最大の市民社会の危機をつくりだしています」

今年（二〇一八年）の九月も、わたしたちは東京・代々木公園で、「さようなら原発さようなら戦争」全国集会を開催した。福島から武藤類子さん、沖縄から山城博治さんを招聘《しょうへい》した。若者たちが大挙して姿をあらわす日を待望している。戦争の恐怖を体験して生き延びた、戦争の悲惨を二度と繰り返したくない「老人」たちが、いま、平和を持続するための運動に、逮捕覚悟で集まってくる。

森友・加計問題からの逃げは許さない

首相官邸から南北へ長くつづく、国会裏の歩道を「安倍内閣は退陣を！」などのプラカードを掲げた人びとが、幾重にも取り巻き抗議の声を張り上げている。囃し立てる太鼓の音も聞こえる。

「文書改ざん責任追及！」

「証言拒否は絶対許すな！」

自宅や職場で「森友疑惑」の佐川宣寿《のぶひさ》国税庁庁官の証人喚問を、テレビ中継で見ていた市民たちが、国会裏、衆議院議員会館前にぞくぞくと集まってきた。国会議事堂はすでに暗闇に包まれ、真上に聳《そび》える厳《いか》つい議事堂の塔は、ライトアップされているが、いかにも白々しい。

集会を準備したのは、七〇代前後。市民運動家の筑紫《つくし》建彦《たけひこ》、大久保青志《せいし》など、むかしからの顔見知りが、演壇のそばにたっている。大声で怒りのシュプレヒコールをあげたあと、立憲民主党、共産党、社民党、沖縄の風など、国会議員が発言。社民党の照屋《てるや》寛徳《かんとく》衆議院議員は、このとき七二歳。

そのあとを受けたわたしは七九歳、評論家の佐高信《まこと》さんは七三歳である。「戦争法」といわれた「安保法制」、「さようなら原発運動」、そして森友・加計《かけ》疑惑。沖縄もそうだ。抗議に駆けつけてくるのは、男女とも六〇代、七〇代が中心。怒れる老人パワー。

真実を明らかにすることなく、真実を覆い隠す。あった事実を示すことなく、事実を覆い隠す証人喚問。それは議会制民主主義の破壊だ、とわたしは主張した。国会多数を占めている与党、自民党と公明党が、ただ安倍政権を維持するためにだけ、隠蔽工作を図っている。政権の頽廃《たいはい》はすでに腐臭を放っている。「全体の奉仕者である」公務員が政権の走狗《そうく》に成り下がったのは、内閣人事局が、官僚の人事を握って以来だ。官邸が選挙の公認権と官僚を掌握する一局(極)集中、議会では問答無用。佐川氏が国民を裏切り、政権に協力しているのは、退官後の保護を期待してのことである。

わたしが強調したかったのは、森友疑惑が安倍内閣の汚れた右手なら、左手はいま森友の陰に隠れている加計疑惑だ、ということだ。「安倍晋三記念小学校」など、荒唐無稽な学校建設に協力していたのが、首相の妻の昭恵氏なら、五十数年ぶりに獣医学部が新設されたのが、首相の「腹心の友」加計孝太郎氏経営の加計学園チェーン。第二次安倍内閣の重要政策である、「国家戦略特区」のなかに、「腹心の友」経営の大学がちゃっかり収まった。そのために「総理のご意向」と書かれた文部科学省の文書が存在する、と朝日新聞が報道した。森友学園問題と共通している政治の悪用である。

菅義偉《すがよしひで》官房長官は、「まったく怪文書みたいな文書」と否定した。しかし、二〇一七年五月、文部科学省の前事務次官だった前川喜平氏が記者会見して、「官邸の最高レベルが、平成三〇(二〇一八)年四月開学を大前提に、最短スケジュールで」とする、文書の存在を明らかにした。

汚れた右手も汚れた左手も、ともに教育の現場というのが、安倍首相の教育支配に関わる姿勢を示している。それは彼を取り巻いている教育勅語守旧派「日本会議」の、教育への関与の野望そのものである。（その後、萩生田《はぎうだ》光一文科相は、大学入学共通テストの英語民間検定試験について、「身の丈に合わせて勝負してがんばってもらえれば」と、教育格差是認の発言をし、安倍内閣の冷酷さを明らかにした）

「その汚れた両手で、平和憲法が縊《くび》り殺されようとしている」とわたしは表現した。安倍内閣の改憲が、九条の平和条項の解体、緊急事態（非常事態）条項の設定、戦争への道を教育が走っていく。それが「教育基本法」改悪以来の野望である。

なんと邪悪な政権なのか

蒼《あお》ざめた馬の目。不安そうな表情。野党議員の追及をかわし、決して失言しないぞとの決意があらわれている。国税庁トップにまで昇進し、首相を守る文書改ざん疑惑で失墜した。テレビ映像での佐川証人の頬には、ときどきさざ波のような緊張が走った。

「安倍総理からの指示はありませんでしたね」

「ございませんでした」

「安倍総理夫人からの指示もありませんでしたね」

「ございませんでした」

自民党丸川珠代参議院議員の、佐川氏への喚問は、尻上がりの否定形で、反論を許さない誘導からはじまった。

「官邸の官房長官、官房副長官、総理秘書官からの指示はありましたか」

「ございませんでした」

想定問答の答弁が終わったあと、丸川議員は勝ち誇ったように叫んだ。

「ソーリもソーリ夫人もカンテイも関わっていなかった、との証言が得られました」

なんと邪悪な政権なのか。国会で言いくるめるだけの「完全犯罪」なのだ。

財務省の決裁文書に書かれてあった、昭恵氏や政治家の名前が削除されたのは、なぜか。誰が、なんのためにやったのか、などの事実を明らかにするための、衆参両院での証人喚問だったはずだ。

しかし、佐川氏は「私は告発を受け、捜査の対象であり、刑事訴追を受けるおそれがありますので」と、五五回もの「証言拒否」を乱発した。答弁に行き詰まると、背後に控えていた東京地検特捜部、最高検刑事部出身の補佐人に伺いをたてた。背後はガッチリ固められている。

改めて言う。森友問題とは、安倍首相の妻が名誉校長を務めていた小学校建設用の国有地、九億五六〇〇万円と評価された物件が、一億三四〇〇万円を値引きして払い下げられたのではなく、八億円以上も引いた一億三四〇〇万円で払い下げられた、という前代未聞のベラボーな事件である。

その経緯を記録した公文書(決裁文書)が、政権に不都合として、改ざん、抹殺されたのが〝第二の事件〟である。公務員が公文書を改ざん、抹殺するなど、歴史にたいする犯罪であり、民主主義の基盤の破壊である。自民党の竹下亘《わたる》総務会長が「安倍昭恵さんという存在が政権に迷惑をかけたことは事実だ」と突き放して語った(二〇一八年三月二八日)ように、森友学園の小学校建設をめぐる安倍内閣の混乱は、昭恵氏の虚飾からはじまった。

二〇一七年二月一七日の衆議院予算委員会で、「私や妻が関わっていたら、総理も国会議員も辞める」と安倍首相は見得を切った。ところが、妻の関わりが財務省の決裁文書に記録されてあった。それで誰かが財務省理財局に命じて、記録を抹殺した。

「妻に聞いたが、関係ないと言っている」とか「妻のことは私が話す」とか、安倍首相の傲慢さと慌てふためいた拙劣さが、余計な混乱をつくりだした。佐川氏を国税庁長官に引き立てた麻生副総理兼財務相は、「サガワだ。サガワが最終責任者」と詰め腹を切らせ、幕引きを図っている。

佐川氏の表情に走る「影」

立憲民主党の逢坂《おおさか》誠二議員が、喚問で佐川氏に執拗に食い下がった。

「退職後の保証をされているのではないか、なにか約束があるのではないか」

わたしはそれを聞きながら、一九二三年、大杉栄と伊藤野枝、甥の三人を殺害した罪で、懲役一〇年の判決を受けながらも、二年半で仮釈放され、パリ遊学に出発した甘粕《あまかす》正彦陸軍大尉を思い起こした。彼がその後、満州へ転進、関東軍で暗躍し、国策映画会社「満映」の理事長にのぼりつめたのは、殺人の罪を一手に引き受けた功績による。それがこの国の隠された歴史なのだ。

喚問が終わりに近づくにつれて、佐川氏のそれまでの不安そうな表情が消え、高級官僚の不遜な表情にもどる瞬間があった。

野党議員の追及にまともに応じることなく、「証言できない」と突っぱね切ったのは、並大抵の心臓の持ち主ではない。弱々しい存在に見えながらも、なにを必死に護っていたのか。

「官邸の関与を証言するには相当な勇気と覚悟がいるし、真相を話せば政権側を一挙に敵に回しかねない。そうした状況下で自分の将来を見据えれば、今回のような証言以外に選択肢はないということだろう」とは、元経産省官僚の古賀茂明さんのコメントである(『東京新聞』二〇一八年三月二八日朝刊)。

それで思い出されるのは、加計学園問題で「総理のご意向」という文書の存在を暴露し、「行政がゆがめられた」と発言した、文科省元事務次官・前川喜平氏への自民党の攻撃である。

前川氏が同年二月、名古屋市立中学校で講演した内容が、赤池誠章・自民党文部科学部会長、池田佳隆・同部会長代理の差し金で、文科省から市教委に出された質問項目が、事前にチェックされていた。さらに講演内容のテープまで提出を求められていた。教育への「不当な支配」は凄まじい。

前川氏の日常行動は、それ以前からチェックされていた。すでにこの社会は「秘密保護法」「共謀罪」が蠢《うごめ》く暗い社会になり果てた。次第に感じさせられる息苦しさは、戦争体制をつくりだしている安倍長期政権から産み出されているのは、まちがいない。

証言席に座っている佐川氏の表情に走る「影」はなにか。それを明らかにしなければ、わたしたちは生き延びることができなくなりそうだ。

Ⅱ

沖縄は基地をつくらせない

やんばるの森の視えない戦争

米軍に接収されて、「米軍北部訓練場」と呼ばれている、沖縄本島北部の「やんばるの森」は、航空写真でみると、深い緑に蔽《おお》われた樹海のひろがりである。

やわらかく膨《ふく》れ上がった静かな森を、チェーンソーの甲高い金属音が断ち伐《たき》り、突如としてトンボ眼鏡状に、無残な赤土が曝《さら》けだされた。垂直離着陸機オスプレイ用、円形二個が結びついた長さ一五〇メートルの着陸帯、「オスプレイパッド」の建設現場である。

森を穿《うが》って、ほかの三地区とあわせて六カ所の建設工事が、高江のちいさな集落を包囲する。この工事によって、二万四三〇〇本もの樹木が伐り倒され、これから総面積四ヘクタールにもおよぶ着陸帯が、こじ開けられようとしている。「森の虐殺」といっていい。

政府は、この胸の痛む状況から目を逸《そ》らさせるように、線引き外の地域を、国立公園に指定した（二〇一六年九月一五日）。さらに、世界自然遺産登録を目指す、という。この森に棲《す》むヤンバルクイナやノグチゲラは「絶滅危惧種」である、とわたしは書いてきた。しかし、その危機的状況についての認識は、この現実に直面するまではきわめて浅いものでしかなかった。

ノグチゲラは国の「特別天然記念物」である。沖縄本島にだけ生存する一属一種のキツツキ。沖縄の県鳥である。オスプレイと輸送船、それに弾薬庫の整備によって、最新鋭の海兵隊の出撃基地にされようとしているのが、隣接する名護《なご》市辺野古《へのこ》の海である。そこにやってくるジュゴンはここが北限の珍客で、これまた絶滅危惧種だ。

政府は辺野古米軍新基地建設に抵抗する県知事を追い落とすため、選挙に干渉、敗北してなお、建設工事を強行している。しかし、ノグチゲラとジュゴンは、何千年にもわたって維持されてきた沖縄の自然環境のなかで、未来への希望を託《たく》す生き物の象徴なのだ。

ちなみにいえば、オスプレイはタカ目「ミサゴ」の英名。米国ボーイング社製の猛禽タカが、美しい県鳥ノグチゲラを狙う構図は、あまりにも悲劇的だ。

辺野古の海と高江《たかえ》の森。「ブロッコリーの森の豊かさ」のなかで育まれてきた、微生物をもふくむさまざまな種が、戦争のための米軍基地建設によって、いま一挙に抹殺されようとしている。

生きている間は這ってでも

島袋文子《しまぶくろふみこ》さんはたいがい、高江のヘリパッド建設工事に抗議する座り込みの列にいる。お住まいは三〇キロほど離れた、辺野古の海のすぐそばだから、いまは誰かが車イスを押して連れてきているのだ。しかし、よほど気丈でないと、強制排除が常態の座り込みにはこられない。八七歳のときだったが、機動隊員は手加減なく排除して、左手の指に三週間の傷を負った。

二〇一六年一〇月二一日、午後二時、島袋さんは名護署に出頭した。「暴力行為」の容疑での呼び出しだった。取り調べを受けるためにやってきた。

島袋さんの出頭を聞きつけた、一五〇人ほどの市民が警察前に集まった。横田雄一弁護士が車イスの島袋さんに付き添って署内に入る前、立錐《りっすい》の余地もなく警察の柵に張りついている支援者に、彼女は笑顔で手を振っていた。

「文子さん、がんばれ!」「我々がついているぞ!」

口々に叫んでいるのを聞いて、わたしは不覚にもほろりとさせられた。

その翌日、高江の工事用資材搬入口前。座り込みピケの場所で再会したので、お話しした。

島袋さん 七月二四日に、二人の客がおうちに来たんです。どこの人? と聞いたら名護署って穏やかに笑って、入らせてくださいというので、どうぞって。「実は、文子さんが人のホッペを叩いたって告訴されている。人を殴ったら暴力だ」と。わたしは暴力を振るった覚えはないと言ったけど、いや、これは暴力に値する、と。

いつ名護署に来ますかというから、わたしは長野県に講演に行かなきゃならないし、台湾に行く用事もあって、わたしが警察に用事があるわけじゃないから、行かないよ、と言ったんです。いや、告訴されてビデオに映ってるからって。どこへ行っても、名護署はずっと警戒しているんです。

五月四日、島袋さんが辺野古のキャンプ・シュワブ前のテントに座っていたとき、「日本のこころを大切にする党」の和田政宗参議院議員が、「テントを撤去せよ」とボリュームいっぱいにあげたスピーカーでがなった。そのときの混乱状態のなかで、「日本のこころを大切にする党」の若者が、島袋さんを告訴したのだ。

――なぜ殴られたとか、言いがかりをつけるんですかね？

島袋さん　それは分からないですよ。男の子（三二歳）が現れて、わたしに「ぼくは辺野古の人だけど島袋の文おばあに会いたい」って。「わたしが島袋だよ、あんたは辺野古の人だというけど、辺野古のどこかね？　わたしは辺野古の年寄りから子どもまで知らない人がいないけど、あんたは嘘をつくのか」と手をだしたけど、手はどこにも届いていない。

島袋さんは、刑事の尋問にたいして、こう主張した。山城博治《やましろひろじ》沖縄平和運動センター議長を釈放するなら尋問に応じる。彼は一〇月一七日に器物破損容疑で逮捕され、同二〇日、公務執行妨害、傷害の容疑で再逮捕されていた。そう言い張って、ご自分の名前も本籍地も住所も言わなかったのだ。

と、そのとき、突然、右翼の宣伝カーが警察署前の通りにやって来て、空襲警報のような大きな音を出した。それで急に動悸《どうき》が激しくなって、気分が悪くなった。戦争で家族を亡くした彼女には、前からＰＴＳＤ（心的外傷後ストレス障害）の症状があった。吐きそうだから外へだして、と言って、調書へのサインも断った。

島袋さん　わたしは学校に行ってないし、勉強もしてないから、学問的なことは何も知らない。だけど、世の中の善し悪しは、ちょっとは分かっているつもりです。でも、警察というのはまだ行ってみなかったから、この間は口紅つけて眉墨《まゆずみ》引いて、わざわざ赤いシャツ着て行ったんです（笑）。

――辺野古から高江まで来て、座りつづけているのは、どうしてですか。

島袋さん　戦争で火炎放射器で背中を焼かれて、左半身がやけどしているし、手榴弾の破片がおしりに入っていて、ここまで生きるのにいろんな道を歩んできました。いまは足が利かないから、ただ座っているだけですけど、おうちにジッとしているということはできないのです。ま、生きている間は、這ってでも来ないとだめでしょうね。

戦争中、夜中に暗がりで飲んだ水の水たまりを、朝になって見たら、血が混じっていました。そんな経験をしてわたしは生き延びてきたのです。

島袋さんは実際は米寿だという。父親が沖縄本島の北の名護から南の糸満《いとまん》へ出稼ぎに行っていたので、役場へ行けず届け出が遅れたのだそうだ。

米軍は日本の国内法を守れ！

「高江のオスプレイパッド建設予定地には、四地区合計で、動物種で九七種、植物種で一一〇種の希少種が確認されています。動物種の総数は二〇〇〇種を超えます。この高江周辺の希少種保護のためのアセスを、米国務省やＪＥＧＳ（ジェグズ）に規定された国防省環境司令官である在日米軍司令官に渡しましたか、防衛大臣に伺います。それはいつでしたか」

二〇一六年一〇月二〇日、参議院外交防衛委員会で、沖縄出身の伊波洋一《いはよういち》議員は、稲田朋美防衛大臣に尋ねた。大臣に代わって、深山延暁《みやまのぶあき》防衛省地方協力局長が「説明した」と答えた。JEGSは、米国防総省が定めた「日本環境管理基準」のことである。

その一三章には、自然資源及び絶滅危惧種の保護、拡充、管理を保証する計画の基準を定める、とあり、付表にはヤンバルクイナとノグチゲラの名前が、トキやライチョウとともに並んでいる。しかし、絶滅危惧種四二鳥のうち、天然記念物は一〇種しかない。

在日米軍が、「日本環境管理基準」によって、絶滅危惧種と保護種の存在の調査と管理を徹底する、というのは、あたかもジャングル訓練の仮想敵、タリバーンやIS(イスラム国)のような、遺跡や環境を破壊する野蛮の輩《やから》とはちがう、文明国の軍隊だ、と主張したいがためであろう。

国防総省は、二〇一五年会計年度で、軍事施設における自然資源保護プログラムとして、三億ドルの予算を計上している。たとえば、ハワイの陸軍基地では、キツツキの保護のために射撃場が閉鎖され、訓練場も移設されている。それなら、高江の森でのオスプレイパッドの使用は、テロリストの文化財破壊に相当する。

防衛省は、オスプレイの配置を最近まで、認めていなかった。だからアセスメントはやっていなかった。日米地位協定があるにしても、米軍は日本の国内法を守らなければならない。

「高江のヘリパッド建設の場で、なにが起きているのか。それが日本の民主主義のリトマス試験紙です」と伊波議員は言う。

オスプレイパッドの建設予定地四地区のうち、海にちかい二地区に、二九カ所のノグチゲラ営巣木が確認されている。文化財保護法が適用されている珍鳥である。

その個体数は、三二〇から三九〇（一九九七年調査）だが、オスプレイが傍若無人に飛びまわるようになって、驚いたノグチゲラが学校の窓ガラスなどに衝突して、五羽の死骸が発見された。文化庁も確認している。東村《ひがしそん》のノグチゲラ保護監視員の経験でも、ノグチゲラがこのように連続して死ぬことはなかったという。

絶滅危惧種が米兵に食べ尽くされる

「このまま米軍に運用させると、米軍に罪を着せることになる。JEGSに基づいて、米軍と再協議すべきだ」と伊波議員は追及した。

防衛省の深山地方協力局長は、「環境の影響にも配慮した上で工事を行っている。いまの工事を整々と行い、四〇〇〇ヘクタールの返還につなげたい」と答弁した。四〇〇〇ヘクタールが返還されるのだぞ、ぐずぐず言うな、とは奴隷の言葉である。もう使わなくなった四〇〇〇ヘクタールは返す、とは、二〇年前、一九九六年のSACO（沖縄に関する特別行動委員会）合意で約束されていたことにすぎない。

やんばるの森は、ノグチゲラに表現される鳥類だけの宝庫ではない。哺乳類四種、爬虫類五種、両生類四種、昆虫類二七種、このうち、一六種が天然記念物である。

湿潤亜熱帯の照葉樹林が、独特の生物多様性と固有性の高さをつくりだした。琉球列島の島々は、陸橋によって大陸と繋がったり、海進によって分離したりした。そのたびにアジア大陸からさまざまな生物が進入、孤立して独自の生物相が形成された、と環境NGO「やんばるの自然を歩む会」の玉《たま》城長正《きちょうせい》さんは主張している。

米海兵隊員のサバイバル訓練は、食物を与えないでジャングル内で生活させられる。高く飛べないヤンバルクイナやケナガネズミやトゲネズミなどの絶滅危惧種も食べ尽くされるかもしれない。黄色の珍種ナンゴクヤツシロランはどうなるのか。

オスプレイは事故続きで、嫌われものだ。その弊害は騒音ばかりか、垂直離着陸時に、下向きの熱風が加わり、重苦しい低周波震動で周囲を圧倒する。

米軍の資料から、いち早くオスプレイの配属計画を発見していた、建築家の真喜志《まきし》好一《こういち》さんは、湿潤の森が、離着陸時に熱風を出す飛行によって、環境の乾燥化が進み、生態系が変わることを心配している。オスプレイパッド建設のための森の乱伐ばかりが、森を破壊するわけではない。

やんばるの森の深いところで、視えない戦争がはじまっている。

オスプレイ墜落と高江の森

「やっぱり落ちた」。沖縄の地元紙(二〇一七年三月一四日付朝刊)一面の大見出しである。オスプレイの危険を恐れていた、すべてのひとびとに共通する感慨だ。それは福島での原発事故にも通じる思いだが、事故の頻度は、はるかにオスプレイのほうが高い。

それより七年前、二〇一〇年二月、ヘリコプター離着陸帯(ヘリパッド)と称される、事実上のオスプレイパッド建設をめぐって、沖縄本島北部の東村公民館で、防衛省沖縄防衛局長が住民の説得に来た日のことを、わたしは思い出していた。騒音と墜落事故の多発で知られていたオスプレイが、この村に配備されるのではないか、との住民の不安の声にたいして、部下を引きつれてきた防衛局長は率直には答えず、「騒音はすくない」「危険はない」と言い切っていた。

一九九六年のSACO(沖縄に関する特別行動委員会)合意によって、世界でもっとも危険といわれる普天間《ふてんま》飛行場と、沖縄最大の米軍基地である「北部訓練場」などが日本側に返ってくることになった。ところが、普天間返還の条件は辺野古基地の完成であり、北部訓練場の返還は半分だけ、それもあらたなオスプレイパッド六カ所の建設完了が条件だった。スクラップ・アンド・ビルドである。

防衛局長は「四〇〇〇ヘクタールもの土地が返ってくるのに、たった一五〇人の地区の住民が反対するのか」と不快そうな表情だった。多数の利益に少数が逆らうのか、という論法である。そして二〇一六年七月、沖縄防衛局は東京、大阪、福岡など各地の機動隊五〇〇人の応援派遣を受け、止まっていた工事を、猛然と再開した。

それは、翌年三月に、沖縄北部の万国津梁館《ばんこくしんりょうかん》（名護市）で、ケネディ駐日米大使、マルティネス在日米軍司令官を招いて、米軍訓練場返還の式典を開く予定があったためだ。工事完了が返還の条件だから、型通りでも「工事が完了した」ことにしたい。

安倍内閣は「沖縄復帰以降最大の米軍基地返還」と華々しく宣伝したかったようだ。が、その直前に、返還の「主役」ともいえるオスプレイが墜落、大破。返還式に大ダメージを与えることになった。

その沖縄本島北部一帯は、「やんばるの森」と呼ばれている。ブロッコリー状に豊かに盛り上がった樹木のつながりは、さまざまな小動物や植物の宝庫である。その森のなかを、いま、多いときは一日一二〇台ものダンプカーが、土煙を蹴《け》立《た》て疾駆《しっく》している。

四台ひと組、その前と後にパトカーがぴたりと寄り添って、かしずくように護衛にあたる。狭い県道の両側を本土から派遣されてきた機動隊が固めて、抗議の市民たちを排除。突貫工事で進められていた。が、返還式直前、突貫工事を休止させたのは、市民の座り込みではなく、かねて予想されていた、オスプレイの墜落事故だった。

沖縄本島北部、東村高江地区での住民の非暴力抵抗闘争が、全国によく知られるようになったのは、

「鎮圧」に行ったはずの大阪府警の、まだ二〇代の機動隊員の暴言によってである。

「建設に協力するな」

「アメリカに手を貸すな」

轟音《ごうおん》をあげて通過する地元業者のダンプカーに身を呈し、声をからして叫ぶひとたちの姿にこころを動かされ、わたしは二〇一六年一〇月、一一月、一二月と高江を訪問した。そのひとたちにむかって、「ぼけ、土人が」と敵意を剝《む》きだしにして罵声を浴びせかけ、べつの隊員は「黙れ、こら、シナ人」とほざいた。その暴言は録画されていたから、否定のしようがなかった。威圧的だった、戦前の「オイ、コラ警察」の復活である。

増悪を引き出す政治

公務員による〝ヘイトスピーチ〟があっても、府警の最高責任者である松井一郎大阪府知事(当時)は、「表現が不適切だとしても(中略)出張ご苦労様」とねぎらった。鶴保《つるほ》庸介沖縄北方担当相は、「差別だと断じることは到底できない」と発言し、内閣がその暴言を擁護する答弁書を閣議で認めた。

抵抗する者への憎悪と身内の無原則的な擁護は、安倍晋三首相が所信表明演説で、自衛隊員、警察官への「敬意を」呼びかけたことにも通底している。人間を敵と味方でしか判断しないのは、戦争の論理である。軍人や警官の市民への憎悪は、関東大震災下で、朝鮮人や労働運動家やアナキスト大杉栄らの虐殺を引き起こしている。

「この豊かな森で、ひとを殺す戦争の訓練をするのは、許せません」

高江でカフェを経営しながら、六人の子どもを育てる安次嶺雪音《あしみねゆきね》さんの怒りである。オスプレイパッドが二カ所にできただけで、夜の重苦しい騒音と恐怖で、子どもたちが眠れなくなった。最近になってほかの地域へ疎開した。

高江から山ひとつむこうの大宜味村《おおぎみそん》の儀保昇《ぎぼのぼる》さんは、有機野菜づくりをしているのだが、座り込みに通ってくる理由をこう言う。「沖縄の人間で、戦争中、大変でなかったひとはいません。皆おなじ苦労をしているのです。見ないふりをしたり、なかったことにしたりすることはできないんです」。

辺野古海岸での米軍新基地建設は、老朽化した普天間飛行場の「移転」という名目だが、実際は機能を増強する施設である。

これにたいする地元の反対運動は、一九九六年のSACO合意で移転が決定されてから、すでに二〇年がたった。辺野古海上でのボートでの非暴力抵抗運動はそれなりに知られているが、辺野古からさらに三〇キロちかく北東にある、高江地区で起きていることは、沖縄でも知る人はすくなかった。

しかし、辺野古埋め立てをめぐる、国と県との裁判闘争で和解にこぎ着け、工事がいったん停止している間に、高江の森が抵抗運動の中心になった。テントを張ったり、座り込みをつづけたりするひとたちは、たいがい定年を過ぎた、戦争の記憶が濃い、高齢の男女である。

ミサイル基地にされる沖縄・南西諸島

石垣市長選の異様

東京のマスコミでは、ほとんど報道されなかった。

沖縄本島からさらに南西へ四二〇キロ。離島・石垣島で二〇一八年三月一一日、「自衛隊ミサイル基地」建設をめぐる、市長選挙がおこなわれていた。東日本大震災、福島原発爆発事故七周年。この鎮魂の日に、戦争準備のミサイル配備をめぐる選挙戦だった。

人口五万。孤島・石垣島へ、二階俊博自民党幹事長、林幹雄《もとお》幹事長代理、竹下亘《わたる》総務会長など自民党幹部以下、およそ三〇人の自民党国会議員が海を渡った。のべ六〇人との報道もあった。「自民が次々送り込んだ国会議員らは経済団体ほか、医療や福祉、スポーツなど各種団体を回って影響力を発揮し票固めを図った」（『沖縄タイムス』二〇一八年三月一二日）

もう一つ「異常だった」といわれたのが、期日前投票数が、五〇パーセントちかくに及んだことだった。投票総数二万八四二一票（投票率七三・五パーセント）。このうち、期日前投票一万三九二三票。

「レンタカーでの運び屋があらわれ、投票所へピストン輸送した。目に余る行為だった。期日前投票の結果は、当日投票の開票のあとに発表されたんですが、それで逆転した。なにがあったのか」

憤懣《ふんまん》やるかたない表情なのは、潮平正道さん。二〇〇四年一一月三日、市の公園に、戦争放棄、憲法九条の条文を刻んだ「戦争放棄の碑」を建てた、市民運動の代表者である。

地元紙の『八重山毎日新聞』は、期日前の出口調査の結果、三期目を狙った現職市長・中山義孝候補に五八パーセントの票がはいった、と推定している。

沖縄本島、あるいはすぐそばの伊江島《いえ》などは、戦時中、日本軍の軍事基地が置かれていたため、戦場にされ、多くの住民が殺害された。戦後は占領米軍の基地に囲まれて生活、まわりの風景は張りめぐらされたフェンス越しに見るしかなかった。

しかし、台湾にむかって南西へ延びる琉球弧・南西諸島の宮古島《みやこ》、石垣島、西表島《いりおもて》、与那国島《よなぐに》、波照間島《はてるま》などの島々は、空襲はあったりしたが、戦後になっても、米軍基地や自衛隊基地のフェンスなどが張りめぐらされることはなく、戦後七〇年間、平和が保たれてきた。

ところが、二〇一六年三月、日本最西端の島・与那国に、陸上自衛隊沿岸監視隊一六〇人の駐屯地が開設され、さらに宮古島(七〇〇〜八〇〇人)、石垣島(五〇〇〜六〇〇人)にも「誘導弾部隊」が設置される計画があきらかになった。

ついに石垣島の隣の宮古島に、ミサイル基地賛成を唱える市長が出現、石垣市長もそれに追随する姿勢を示して、石垣市長選挙を迎えることになった。

自衛隊進出は、「南西地域の防衛態勢の強化」と題する文書が開示されて(二〇一六年一一月)、はじめて明らかになった。日本弧状列島を「反共の防波堤」と位置づけたのは、敗戦後の日本に君臨したマッカーサー元帥だった。いま、あらたに、奄美《あまみ》大島から台湾の隣の与那国まで、あたかも万里の長城のように、ミサイル基地を張りめぐらす計画が、防衛省によって作成され、用地が買収され、自衛隊の配置がすすめられている。

選挙結果と自衛隊配備

石垣島の市長選挙は、ミサイル基地建設についてふれることのなかった中山義孝(自民、公明、維新、幸福実現推薦)、ミサイル基地建設反対を明確に掲げた宮良操《みやらみさお》(社民、共産、自由、民進推薦)、それと建設予定地の変更を主張する砂川利勝(無所属)の三氏で争われた。

砂川氏は自民党員だったが、中山市政を批判して立候補した。中山氏は不動産や株式の保有など、財産形成の不透明さを、市議会で野党議員から追及されて保守二分。

しかし、保守派を割って現職への批判者が立候補すれば、対立候補の宮良氏へまわるはずの批判票が、第三極・砂川候補に流れる可能性が高い。

わたしは保守派が二方面から、「革新系」の票を奪い合う懸念を、石垣島の友人たちに語っていた。

結局、結果はそうなった。中山一万三八二二票、元市議宮良九五二六票、元県議砂川四八七二票。敗者ふたりの票を合計すると、中山候補を上まわっていた。

自民党の塩谷立《しおのやりゅう》選対委員長は、中山当選確実の報を受けてこう語った。

「わが国の安全保障にとって極めて重要な意義を有する選挙でもあった。名護市長選に引き続き、推薦候補が連勝したことは、今後の沖縄県の選挙にとって大きな弾みとなる」(『産経新聞』)

「選挙戦は、米軍普天間飛行場(沖縄県宜野湾《ぎのわん》市)の名護市辺野古への移設計画を巡って対立する政府・与党と翁長《おなが》氏との『代理戦争』の様相を呈した。与党側は党幹部らを現地入りさせるなど総力戦を展開した」(『読売新聞』)

「総力戦」「代理戦争」「争点外し」などの文言は、地元紙の『八重山毎日新聞』でもさかんにつかわれたが、二月の名護市長選挙でも多用されていた。自民党の全島焦土作戦ともいえる、激烈な沖縄攻略だった。

二〇一六年、自衛隊駐屯地が完成した与那国島では、自衛隊賛成の現職町長が自民・公明の推薦を受け、反対派を二八票の僅差で下していた。すでに自衛隊票が有権者の一五パーセント以上を占め、反対派の当選はきわめてむずかしい。ちいさな離島での自衛隊の存在は、圧倒的な票田なのだ。

防衛省文書「南西地域の防衛態勢の強化」は、奄美大島から宮古、石垣、与那国諸島を「自衛隊配備の空白地域」と位置づけ、配置計画を明らかにしたものである。

石垣島については、「部隊を配置できる十分な地積を有しており、島内に空港や港湾等も整備されているとともに、先島《さきしま》諸島の中心に位置しており、各種事態において迅速な初動対応が可能な地理的特性があること」と記述されている。

配置先候補は「平得《ひらえ》大俣《おおまた》の東側にある市有地及びその周辺」とされ、文書には、その空中写真と地対空ミサイル部隊、地対艦ミサイル部隊、火薬庫、射撃場などの写真も掲げられている。

選挙前すでに、防衛省は二〇一八年度予算で、石垣島のミサイル基地用地確保のため、一三六億円の予算を獲得し、四月以降手続きを進める構えを示していた。中山市長は選挙期間中、「防衛は国の専権事項」などと言い逃れ、態度を表明しなかった。

しかし、地域が未来にむかってどう生きようとするかについては、市長の思想と構想が重大な役割をはたす。選挙中はだんまり作戦だった中山市長は、暮れのどさくさ紛れに、自衛隊受け入れを表明した。

「複数の関係者によると、中山市長は先週、首相官邸で菅義偉《すがよしひで》官房長官と面会し、年内(受け入れ)表明に踏み切る考えを伝えていた」(『沖縄タイムス』二〇一八年一二月二八日)

マンゴー畑に吹く風

「中山市長が選挙に勝った、といってもとんでもない。争点隠しで、ミサイル基地についてはなにも言わなかった。予定地周辺の嵩田《たけだ》、於茂登《おもと》、開南、川原の四地区の公民館(自治会)は、いまでも全部反対しています。これから争点隠しを批判する声明文を発表し、抗議集会をやります」

マンゴー農家の金城哲浩さんの怒りの声である。金城さんは与那国出身。農機具販売会社に勤め、機械のメンテナンスをしていたが、自由化の打撃をうけて廃業した石垣島のパイン農家の土地を譲り受け、いま、マンゴーやビタミンCの女王「アセロラ」や森のアイスクリーム「アテモヤ」を、手広く栽培している。

その後継者である長男の龍太郎さんは、「風景を変えられたくない」と言う。自衛隊の基地予定地にされている「平得大俣地区」は、沖縄の最高峰、といっても標高五二六メートルの於茂登山の麓《ふもと》にひろがっている、緑豊かな田園地帯である。

わたしは於茂登山とむかいあって、この地域を見下ろせる展望台から眺める風景が好きだ。正面にはなだらかな山容、左右両側が東シナ海で、切り拓かれたような平野を、風がわたっていくのが見えるようなのだ。

そのあたり一帯は、台湾から入植したパイン農家や本島の嘉手納《かでな》米軍基地建設によって、畑を追われたひとたち、開拓者が血と涙で耕した開墾地なのだ。

いまその平和な風景が、ミサイルを積んで駆けまわる巨大な軍用車や低く飛ぶヘリコプターなど、戦争の不吉な色と騒音に変えられようとしている。四方を海に囲まれ、逃げ場のない離島で、ミサイルを撃ちあうなど、尋常の沙汰ではない。

軍事計画はウソと秘密を車輪にして進められる。危険な普天間基地を返すといって、辺野古にその何倍かの軍事空港と軍港の巨大な出撃基地がつくられる。使用しなくなった訓練場を返すといって、その代わりにオスプレイの訓練場をつくった。政府は米軍の言いなりである。

こんどは、尖閣《せんかく》列島を護るとの名目で、奄美、沖縄本島、伊江島、宮古、石垣、与那国と結ぶ弧状列島を、米軍の戦略と一体化した軍事基地にする。中国大陸を包囲する万里の長城のような、ミサイル陣地建設を強行しようとしている。日本の軍隊がきたからこそ、住民の四分の一が殺された。それが沖縄の歴史の真実である。


石垣島生まれの山里節子さんは、「いのちと暮らしを守るオバーたちの会」のメンバーである。国民学校二年生のとき、日本軍に強制疎開させられた場所が、マラリア猖獗《しょうけつ》地だった。空襲の被害は免れたが、母や祖父が高熱の末病死、妹は餓死だった。

島のマラリア犠牲者は五〇〇〇人以上だった、と山里さんは言う。兄は戦死。波照間島でも、軍人によって西表島に強制疎開させられた住民が、大量にマラリアで死んだ。わたしは波照間島で取材して書いている。軍隊は人命を犠牲にする戦略を優先する。

日本政府は平和憲法のもとで、「日本版海兵隊」である「陸自水陸機動団」を結成し、米軍との合同訓練をおこなっている。先島奪還訓練とみられている。

わたしは二〇一七年一月、『東京新聞』の連載コラムで、花谷史郎《はなたにしろう》さんのことを紹介した。東京農大出身で石垣に帰り、ゴーヤなどの専業農家で頑張っている三〇代。彼はこう言った。「ミサイルを並べ立てたら、こっちから中国にけんかを仕掛けることになる。警備なら海上保安庁で十分なはずだ」(「マンゴーとミサイル」)。

市長選挙とともに闘われた市議の補選で、花谷さんはミサイル配備反対の地元農家代表として、見事に当選を果たした。

「市長選挙では、ミサイル配備反対票と条件付き反対の二人の候補の票が、市長の得票数よりも多かった。これが民意だ。いまの議会勢力でも、反対派がひとり多い。市長の市有地売却への反対を強めていく」

花谷さんが住む嵩田地区四〇世帯だけでも、三〇代の意欲的な後継者が五人もいる。これからさらに石垣の農業を発展させる。ミサイルは危険なばかりか、経済的にも妨害物でしかない。もしもミサイル基地建設が実行されたら、自宅の軒先の横からフェンスで交通を遮断されることになる、と当銘《とうめ》由彦・光子夫妻も強固な反対派だ。ちいさな島では、このような悲惨な例はいくつも出てくる。

石垣島。この海と山と田園の美しい、人口五万の孤島に、戦争の欲望を剝き出しにした、兇暴《きょうぼう》な国家が、いまのしかかっている。島の詩人・八重《やえ》洋一郎さんは、それを「日毒」と表現している。

石垣で少年時代を送った、明治三六(一九〇三)年生まれの詩人・山之口貘《やまのぐちばく》は、戦後すぐ、まだ日本に復帰する前、つぎのように書いた。

「琉球の主権が日本にあっても、日本のどこに琉球の主権があるのか」(「祖国琉球」)

沖縄の苦しみに、「本土」の人間はあまりにも無関心だ。それは政府との共謀、といってもいいほどの冷酷さだ。

「叛逆知事」翁長雄志の遺言

焼香するべく、お棺にむかって参列していたとき、菅義偉内閣官房長官の名前を掲げた供花が目についた。わたしはわが目を疑った。沖縄・辺野古の米軍新基地建設を強行している安倍政権にたいして、翁長雄志《おながたけし》県知事は一歩も引かずに全面対決、志半ばにして二〇一八年八月八日、急逝した。その二日後、那覇市大典寺での通夜の場である。

意外な名前だった。記者の話によると、すこし前、菅官房長官本人が姿をあらわし、記者団に囲まれた。彼は昂然と「引き続き工事を進める」と語った。すぐ後ろで、お棺に横たわっている主は、どんな思いで、その挑発的な談話を聞いたのだろうか。

安倍内閣は、基地建設を認めない翁長県政にたいして、内閣府の沖縄関係予算を減額しつづける、などの圧力をかけてきた。知事に就任した直後、翁長知事が上京しても、安倍晋三首相も菅官房長官も、長い間、面会拒絶の冷たい仕打ちだった。

通夜の翌日、那覇市内の陸上競技場で開かれる予定の「辺野古新基地建設断念を求める県民大会」は、台風接近の報を受けて、中止か開催か、夕方まではっきりしなかった。しかし、通夜がはじまったころ、開催が決定された。翁長知事も参加する予定だった集会である。

集会がはじまる前、小雨が降りしきるなか、会場にむけて貸し切りバスやモノレールを乗り継いで集まったひとびとは、七万人を超えた。演壇脇のテントで、わたしは知事の次男で、那覇市議の雄治《たけはる》さんを待っていた。彼とは二〇一四年の県知事選のとき、選挙事務所で会っていた。

父親について話すのは、まだ気持ちの整理がついていない、と取材を断っていた雄治さんに、ある人物の力添えで、わたしはインタビューを取りつけた。

父親に似て背丈のある、がっちりした、柔道で鍛えられた体躯《たいく》の雄治さんは、コバルトブルーの帽子を小脇に抱えてやってきた。それは辺野古の海の色を表していて、その日、父親の雄志さんがかぶるはずだった帽子である。

イデオロギーよりアイデンティティ

――いま、一番思っていることは。

翁長　親父にお疲れさまと言いたいです。これから県民がまた一つになって頑張っていくからゆっくり休んで、と。

――どんな方でしたか。

翁長　いつも堂々として、まわりでこんなこと言ってる人がいるよと言っても、俺は俺の信念に基づいてやっている。だからお前らも堂々としておけと。お前たちに恥をかかすことはしていない、と言っていました。

――翁長知事は「憤死」だ、とわたしは言ったのですが、怒りの中で、病気にもかまわないで、運動の最前線に居つづけた。

翁長　いえいえ、親父は穏やかに死んでいっているので。自分がやるべきことはすべてやったと。これ以上もうできないと。ここまでやって死んでいるので、何も悲観するようなことはありません。ぼくらは家族として残念という気持ちはあるけれど、政治家・翁長雄志としては何もない。ただ本人の唯一の心残りは、三人の孫と遊べなかったという、もっと成長を見守りたかったと、これくらいですね。

――安らかなお顔をされていたと伝わっていますが、最後はどういうことをおっしゃってましたか。

翁長　急に意識が混濁したんです。ぼくには、政治家としての話を。今までは人生についてのアドバイスはありましたけど、政治家としてはなかった。お前はお前でいろいろあるだろうけど、問題にはちゃんとぶつかれ、俺もそうだったから、と。

――沖縄のこれからについて、「イデオロギーよりアイデンティティ」とおっしゃったのは、翁長さんの歴史的名言だと思うのですが、ほかに印象的な言葉は。

翁長　その言葉に尽きると思っています。

――今日はどういうことを話されるのですか。

翁長　生前、翁長雄志が、日ごろからぼくに語ってくれたことを話します。これは最後の機会だと思うので。今日言わなかったらもう機会がないと思うので。

――志半ばで亡くなり、仲井眞弘多《なかいまひろかず》前知事の辺野古埋め立て承認の撤回を遺言として残しました。那覇市議として、沖縄の将来とお父さんの言葉をクロスさせて、おっしゃりたいことは。

翁長　本人が撤回する道のりまではつくったので、本人は後悔していません。だから、ぼくは志半ばとは思っていません。あとは県民が決めることだと思っています。県民がもういいよ、と言うなら、そういうことですから。翁長雄志が生きているから、死んだから、ということではなく、県民がここまで闘ってきて、最後、どう締めくくるかは、県民が決めることだと思っています。

「心の叫び」が一顧だにされない

挫折ではない、全《まっと》うしたのだ、という那覇市議の息子さんの主張は、父親は悲劇の主人公ではない、政治家として、未来の道を切り拓いたのだ、とする確信だった。

時おり、強い風が吹きつけた。雄治さんが演壇に立ったときも、一陣の風が会場をわたっていった。彼が話しはじめ、感情が激して言葉に詰まったとき、会場からすすり泣く声が流れてきた。

享年六七歳、まだまだ活躍できた。演壇で雄治さんが語った。

「最後の最後まで、どうやったら辺野古新基地を止められるか、一生懸命、病室のベッドの上でも資料を読みあさっていました。『沖縄は試練の連続だ。しかし、一度もウチナーンチュとしての誇りを捨てることなく闘いつづけてきた。ウチナーンチュが心を一つにして闘うときは、お前が想像するよりもはるかに大きな力になる』と、わたしはなんどもなんども言われました。

日本全国の皆さま、多くの国民が必要であるという日米安保、米軍基地。この国土の〇・六パーセントにすぎない沖縄に七〇パーセント以上の基地があるのは、いくらなんでも過重な気がしませんか。オール沖縄という、この大きな政治的潮流は、政治家のためにあるわけではなく、政争の具にするものでもございません。オール沖縄は、われわれウチナーンチュの強い決意です。覚悟です。

その民意に、われわれ政治家が突き動かされているのです。最後まで、あきらめずに頑張って、見届けることはできませんでしたが、父に、翁長知事に、辺野古新基地が止められた、とそういう報告ができるように、皆さま、頑張りましょう」

翁長知事は、集会での演説のはじまりを、かならずウチナーぐち（沖縄語）で語りかけた。

「うちなーんちゅ、うしぇーてー、ないびらんどー（沖縄人をないがしろにしてはならない）」

父親の代から保守政治家の家系であり、県の自民党の中心的人物だった翁長知事が、どうして政府と真っ向から対決するようになったのか。

翁長氏の著書『戦う民意』によれば、「沖縄県民には『魂の飢餓感』がある」と翁長氏は菅官房長官と会ったときに語ったのだが、菅氏はまったく理解できなかった、という。戦時中、本土防衛の防波堤にされて、「命と生活を奪われた上、差別によって尊厳と誇りを傷つけられた人々の心からの叫び」が、一顧だにされない沖縄の飢餓感。だが菅官房長官は、「戦後は日本中みなおなじ苦労だ」と歯牙にもかけなかった。この無知と無痛覚は、人間として恥ずかしい。

安倍首相には「『日本を取り戻す』の中に沖縄は入っていますか」と問いかけたが、返事はなかった。辺野古新基地建設は「粛々と進める」。それが、官房長官の一方的な通告だった。

「沖縄があれだけ操を尽くして、日本のために尽くしても、こういう形で歴史の教科書を変えるのかというようなことになりますと、沖縄からすると立つ瀬がない」（松原耕二『反骨』のなかの翁長氏の言葉）

沖縄での集団自決に関する教科書の記述が、日本軍が介在していないように書き換えられた。さらに、安倍政権になった二〇一三年四月二八日、サンフランシスコ講和条約が発効した日を、「日本独立の記念日」として、大々的な式典がおこなわれた。しかし、その日は、沖縄は日本から切り離され、以後二七年間も米施政権下に置かれた、屈辱の日だったのだ。

翁長氏の父親の助静《すけしず》氏は、その頃、琉球政府の立法機関だった立法院議員として、自治権を沖縄に返還させる運動をしていた。これにたいして、キャラウェイ高等弁務官は、「沖縄住民による自治は神話にすぎない」と一蹴した。菅官房長官お得意の「粛々」は、キャラウェイを思わせる、とは翁長知事の批判だった。

「沖縄人をないがしろにするな」

二年前、翁長知事は胃がんで胃を全摘。その後、膵がんで膵臓を切除した。それでもなお、辺野古闘争の前面に立ったまま、急逝した。壮絶ともいえる最期だった。

死が一二日後に迫っていた七月二七日の記者会見で、仲井眞前知事の「大浦湾埋め立て承認」を撤回する、と言明した。テレビで見た翁長知事は、痩せこけ、額に縦の深い皺を刻んだ、殉教者のような表情になっていた。一緒に闘ってきた稲嶺進《いなみねすすむ》前名護市長は、こう言う。

「翁長さんを知事選に押し立てたのは、県民の願いが結集した結果です。翁長さんが県民の民意に応えるかたちで、辺野古に基地はつくらせないということを、身を挺して、命を削って、最後の最後まで、それを貫いてきたと思います。

われわれが打ち立てた翁長さんですから、その遺志を継いで実現させていく。翁長さんは悔しい思いをしながら亡くなられたと思います。その思いを成就《じょうじゅ》させるためにも、九月三〇日の知事選にむけてはやく準備し、翁長さんが安らかに眠れるような環境をつくるのが、残されたものの責務だと思います」

辺野古の海の浅瀬の部分は、すでに護岸工事も終わって、政府は八月一七日にも、土砂を投入して埋め立て工事を本格化させる計画だった。全国から運ばれた土砂が大量に海に入ると、さまざまな外来生物が生態系を破壊する。

その決行の前夜に翁長知事の死が立ちふさがった。これからはじまる知事選は弔い選挙になる。さすがに横暴な政府も、知事選前には、荒っぽいことができない状況となった。

翁長選挙を成功させた、保革共同の「オール沖縄」の強化が、いまもとめられている。沖縄の海や空をこれ以上汚すな。ジュゴンがくる海を大事にしよう。戦争を呼ぶ基地はもうつくるな。この沖縄の叫びをわたしは全面的に支持する。二〇一五年九月、翁長知事は、スイスの国連人権理事会でこう訴えている。

「わたしは世界中の皆さんに、辺野古に関心を持っていただきたいと思います。そこでは、沖縄の人びとの自己決定権が、ないがしろにされています」

「うちなーんちゅ、うしぇーてー、ないびらんどー！（沖縄人をないがしろにしてはならない！）」

沖縄人の魂の尊厳を訴えつづけた翁長知事の思いが、ここに凝縮している。

ステルス選挙VS市民選挙
――日本を変える沖縄県知事選

翁長雄志沖縄県知事が、二〇一八年八月八日に急逝して、平成最後の夏が急に慌ただしくなった。沖縄県は翁長知事の遺志を継いで、目下最大の問題である、防衛省が強行してきた米軍「辺野古新基地建設」の埋め立て工事にたいして、敢然とノーを突きつけた(工事承認撤回)。国家にたいして、最南端の小さな県が、自治権を主張して叛旗を翻《ひるがえ》したのだ。

時をおなじくして、「平成の歌姫」と謳われた安室奈美恵の引退最終公演があった。それはたまたまの偶然にすぎない。が、彼女の公式ホームページに発表された「翁長追悼」のコメントが、増長気味の自民党の神経を逆なでした。

「ご病気の事はニュースで拝見しており、県民栄誉賞の授賞式でお会いした際には、お痩せになられた印象がありました。今思えばあの時も、体調が優れなかったにも関わらず、私を気遣ってくださり、優しい言葉をかけてくださいました。沖縄の事を考え、沖縄の為に尽くしてこられた翁長知事のご遺志がこの先も受け継がれ、これからも多くの人に愛される沖縄であることを願っております」

「辺野古に基地はつくらせない」。沖縄の人と自然環境を守るために、体を張って戦い抜いた翁長知事へのオマージュである。歌が愛と自然と平和に捧げられるものであるなら、もっともふさわしい歌手からの心のこもった言葉だった。

この知事選取材のため、那覇空港に降りたったとき、機の出口で一枚ずつ絵はがきが配られた。乗客が皆喜んでいるのを不審に思い、よく見定めると、安室奈美恵がアテンダントの制服を着た絵はがきで、「Thanks Namie AMURO JET」とあった。引退記念の特別にデザインされた機体だったのだ。翁長と安室が、たくまずして沖縄のいまを象徴する人物となったようだ。

那覇空港から、さらに南西へむかって、石垣島まで四〇〇キロ。機窓から淡い白雲の裂け目を通して、眼下にひろがるコバルトブルーの海面を眺めながら、わたしは沖縄県知事選の苛烈さを、あらためて思い知らされていた。

候補者が演説のために、これほど長い距離を移動するなど、「内地」に住む者の想像力をはるかに超える。それでも、石垣島はまだ道なかば、台湾の手前の与那国島へは、さらに一三〇キロだ。

迂闊《うかつ》にも、わたしは石垣島まで足を延ばすことになるとは考えていなかった。羽田から那覇行きの飛行機に搭乗したとき、はじめて疑念が生じた。二人の候補は、はたして本島にいるのかどうか。

死の直前、翁長知事からあとを託されたのは、玉城《たまき》デニー衆議院議員だった。アメリカ人の父親と沖縄人の母親。いまは珍しくないカップルだが、彼が生まれたときには、父親は沖縄を去っていた。沖縄の戦後史の一つのエピソードである。

「戦後沖縄の歴史を背負った政治家」とは、翁長知事の玉城評だ。建築家・真喜志好一さんは「彼のような政治家が、沖縄の心を伝える時代になった」と言う。日本もようやく画一主義から多様性へとむかいはじめた。政府が地方の政治を押しつぶす時代ではない。

平和な風景のなかに〝異形の基地〟

玉城候補は社会福祉の仕事をしてきた。政策で子どもの貧困の解決を強調するのは、出自と無関係ではない。ラジオパーソナリティーを経て、政界にはいった。この知事選では、伊江島から遊説をはじめた。母親の出身地でもある。が、そこが沖縄戦で大量の犠牲者をだし、戦後も米軍による土地の強制収用など、沖縄でももっとも虐《しいた》げられた場所だったからだ。

わたしが沖縄に着いたときは、彼は日本最西端の与那国島で遊説をはじめていた。そこでは自衛隊の駐屯地が大きな存在になっているからだ。この島にはすでに陸上自衛隊員約一六〇人が配備された。そのあと、玉城候補は石垣島、宮古島とまわった。ともに中国の空を睨《にら》む、ミサイル基地の建設が計画され、住民の反対運動が起きている。

石垣島では、島の中央、沖縄最高峰の於茂登《おもと》岳山麓にひろがる開拓地に、二〇一九年度までに地対艦ミサイル部隊など約六〇〇人が配備される計画がある。隣の宮古島には、二〇一八年度までに地対艦ミサイル部隊約一〇〇人、地対空ミサイル部隊約一五〇人、その指揮統制部隊約二〇人、警備部隊(普通科)約三五〇人、合計約六二〇人を配備するため、いま隊舎が急ピッチで建設されている。

本土では、辺野古の米軍新基地建設の状況さえ、ほとんど報道されていない。まして、宮古、先島と呼ばれている琉球列島の小さな島々で、住民の抵抗を無視して、あらたな軍事基地が急ピッチで建設されている事実は、ほとんど伝えられない。

石垣島唯一ともいえる、なだらかな平野を風がわたっていく。そこには石垣特産のマンゴーをつくっている農地がひろがっている。こんな平和な風景のなかに、〝異形の基地〟を建設して、ミサイルを撃ちあうなど愚の骨頂だ。もしも戦争がはじまったなら、住民には逃げ場がない。これまでの営農努力も命もすべてが吹き飛んでしまうはずだ。

三年ほど前に知りあった花谷史郎さんは、ミサイル反対闘争の若きリーダーとなった。先日二〇一八年九月の市議選で、友人の内原英聡《ひでとし》さんと並んで当選。三〇代、石垣の未来を担う人材である。公民館でひらかれた「新時代・沖縄」を掲げる玉城候補の個人演説会では、司会を務めていた。

「生まれる前から高校卒業まで、子育てサポートの拠点をつくる」など、玉城候補の福祉政策への熱意が、痛いほど伝わってきた。子育てと平和は同義である。長女が一九歳で妊娠して嬉しい、と言って聴衆を感動させた。

選挙むきの話ではない。家族は多いほうがいい、とする、母一人、子一人の家庭だった体験からの実感のようだ。人好きがあらわれている。ラジオのパーソナリティーだったから、話し方はソフトだ。

演説の後、インタビューの時間をもらった。いまはハーフとかダブルとかはめずらしくありませんが、子どもの頃、コンプレックスはありませんでしたか。「そりゃありました。どうしていいかわからなかった。反抗期に、いい友だちができて、それから気にしなくなりました」。差別を乗り越えたひとは他人に優しくなる。

自公の基本戦術は「ステルス作戦」

自民、公明、維新推薦の佐喜眞《さきま》淳《あつし》候補の応援のために、菅義偉官房長官は八月、九月と三度ほど沖縄を来訪した。一回目は翁長知事の通夜にでて存在感を示し、二回目は保守候補一本化を調整した。三回目は地元紙に全面広告を打って、小泉進次郎衆議院議員とともに訪沖。翌日、石垣島にまで足を延ばした。

「沖縄の県民所得は一番低いが、政府と一体化して大幅向上させようではありませんか」と街頭で呼びかけたのは、古典的な利益導入演説である。自民・公明選挙の基本戦術は、自称「ステルス作戦」。街頭よりも屋内での秘密の会合が多い。石垣市長選挙からすでにはじまっていた方式で、①自民党幹部や国会議員が大量にやってきて、業界団体に働きかける、②期日前投票に名簿をださせて社員などを動員、投票を管理する——というものだ。

名護市長選、新潟県知事選でもつかわれた。宣伝カーで回って歩くよりも、深く静かに潜航する戦術だが、民主主義とは本来、広場で討論しあって決める方式ではなかったのか。期日前投票は、四年前の前回選挙にくらべて沖縄市ではすでに四倍ふえている(『琉球新報』二〇一八年九月一七日)。

照屋寛徳《てるやかんとく》衆議院議員は弁護士でもあるのだが、「想像を絶する事態だ」と嘆いている。九月一九日夜、名護市市民会館でひらかれた「必勝『さきま淳』北部連合決起集会」には、一二〇〇人ほどが集

まっていた。最初の挨拶に立った渡具知武豊《とぐちたけとよ》名護市長は、

「決起集会と期日前投票をしっかりやって、革新市政から保守市政に変えた。名護市を変えた勝利の方式で、県政を変えよう」

と、檄《げき》を飛ばした。会場入り口には、期日前投票を呼びかけたチラシと投票を呼びかける人の名簿が積み上げられてある。労組大会と見まがうばかりの、真っ赤なシャツと真っ赤な鉢巻き姿で登壇した保守派の佐喜眞淳候補は、身長一七三センチ、体重七八キロ。空手三段。宜野湾市長を六年半務め、今回、県知事選に出馬。

「大学時代、日本武道館で、帯を締めて試合に臨んだ決意をいま感じています」

と語りだした。声の太い熱弁家で、その主張は、政府と闘争するのではなく、交渉して北部地域の発展を図る、というものだった。基地問題の解決、跡地利用についても熱弁をふるった。

が、しかし、よく聞いていると、それは普天間基地のことであって、辺野古への移設をすすめる、ということの別表現なのだ。辺野古は普天間の代替基地というようなものではない。軍港を備えた、大幅に拡充された米軍の新基地なのだ。

玉城デニー知事に聞く 沖縄の針路

玉城デニー新知事が県庁の正面玄関から入場したとき、庁内のロビーに並んで待機していた職員たちの間にどよめきが起こった。翁長知事の後継者を迎える安堵感だった。

二八年前、大田昌秀知事の初登庁の日にも、わたしはおなじ場にたっていた。そのときも華やかな出迎えのあと、知事室で大田新知事に単独インタビューしている。この日も、県の幹部たちの挨拶をうけたあとの、単独インタビューだった。

今回(二〇一八年九月三〇日)の県知事選挙は、激戦で当落は予断を許さなかった。勝ったにしても僅差、と予測されていた。が、結果は八万票の大差で玉城氏勝利となった。当確が出るやいなや、わたしのところにまで電話やメールがたくさん入ってきた。とにかく誰かと喜びあいたいというひとが大勢いたのだ。

初登庁の新知事は、いつもの花柄のかりゆし姿ではなく、黒いスーツに明るいレンガ色のネクタイで、特徴的な目を大きく見ひらいていた。わたしはまずこう訊いた。

――勝因は、どうお考えですか?

玉城　選挙は最後にフタを開けてみないとわからないということもありますが、実際に開けたら女性の六割以上、無党派層の七割の方々がわたしに期待してくれました。翁長雄志前知事が県民のみなさんにしっかりとむき合って公約をはたしていった姿勢が、県民のみなさんの心にしっかりと宿っていた。「デニーさんが引き受けてやってくれるなら、デニーさんの経験もプラスして、いろんな意味で頑張ってほしい」という思いが込められていたのかなと思います。

――選挙期間中だけでも、危機管理担当の菅義偉官房長官と小泉進次郎筆頭副幹事長が三回も沖縄入りするなど、官邸ぐるみ、自公の組織ぐるみ、権力ぐるみでした。安倍内閣の強権的な選挙干渉が沖縄のひとびとの反感をかったのでは？

玉城　いろんな方々から「官邸の圧力に負けるな」と言われ、タクシーの運転手さんから「本土からいっぱい佐喜眞候補の応援が入ってきてる」と教えてもらいました。「タクシーの運転手としては儲かりはするけれど、権力ずくのやり方が怖い」と言ってました。いろんなひとが危機感をもち、インターネット上のＳＮＳで情報を発信してくださった方々が多かったのだと思います。〝災い転じて福となす〟とでも言いますか。

生まれてくる命を喜ぶという原点

今回の選挙での圧倒的な声は、「もうこれ以上米軍基地はいらない」の一言に尽きる。デニーさんの母親が生まれた伊江島は、多くの住民が戦争で殺され、土地が米軍の「銃剣とブルドーザー」で奪われた島だ。四三年前、ここで最初にお会いした〝土地を返せ運動〟の代表者阿波根昌鴻《あはごんしょうこう》さんの、苦難を乗り切った爽やかな姿が、わたしの沖縄体験の第一歩だった。

その時、投下訓練用の原爆の模擬弾を見せていただいた。沖縄は核戦争の前進基地でもあったのだ。この酷いあつかいに、本土の人間は無知、無関心にすぎた。一九七二年の復帰から半世紀ちかくたって、翁長前知事が基地に押しつぶされている、沖縄の「魂の飢餓感」を訴え、「誇りある豊かな沖縄」を目指して闘い、倒れた。デニー知事がそれを引き継ぐ。沖縄民主主義九回裏の逆転ホームラン。「多様な個性が輝く、新時代の沖縄へ」の選挙での訴えが、沖縄のひとたちの目を輝かせた。

――もう一つは、官邸の強権的な攻撃にたいして、デニーさんの柔軟さが〝柔よく剛を制す〟という感じを与えました。石垣島での演説会で「わたしの娘は一九歳で妊娠しました。妻は心配していましたが、わたしは喜んだ」とおっしゃった。ひとが生まれることの嬉しさを語られて、聞いていて感動しました。でも生活に密着した話は選挙演説むきではないというのが、常識ですよね。

玉城　はい、それを「柔らかさ」とおっしゃっていただくと、わたしは非常にうれしいです。政策を選挙でどう訴えて、どう実現し、どう広げていくのかというときに、わたしは自分の出自や身の上を語ります。多分、皆さんが共感を持ってくれていると思います。その共感を持っているデニーが、「こんなことをしたいから、みなさんの力が欲しいんだ」ということへのレスポンス、それをわたしは大事にしています。ですから「生まれてくる命はみんなで喜ぶんだよ。早い遅いは関係ない。いま命を恵まれたことにわたしたちは喜ぶべきだよ。みんなで支えるから心配ない」と言ったのです。子どもを産む、その第一段階で失望させちゃいけない。それが今回の選挙でも生かされ、女性の妊娠、出産、就学前の子育てを、切れ目なくサポートするという「子育て世代包括支援センターの全市町村への設置」を、政策の中に盛り込んでいます。

アメリカに民主主義を問いかけたい

――生まれる前、「ゆりかごより前から」ですね。政治的な言語ではなく、一人ひとりに伝わるような言葉での政策アピールが浸透した。即日開票の結果をインターネットテレビで見ていましたが、そこにも多くの若者たちがいました。それが今度の選挙での勝利につながったと思います。生活の場での課題をそこに密着した言葉で語る、その延長線上に、平和な生活を求める思いが固く結びついています。具体的には、辺野古新基地建設の問題を、どういう形で広げていこうと思われていますか。

玉城　県が我が国の国内法に則って「埋め立て承認を撤回する」という行政判断を発したのですから、司法はその地方自治体の判断を尊重して、「法の趣旨に則り国がおこなっている違法な状況を止めさせるべき」ということに尽きると思います。そもそも、一九九六年のSACO（沖縄に関する特別行動委員会）合意で、基地は「移設可能なフロート（浮具）施設」、「一五年の使用期限」と「軍民共用」という条件であり、将来撤去できる浮体施設でした。それをのむならOKだ、と当時の稲嶺恵一《いなみねけいいち》県知事が合意した。名護の岸本建男《たてお》市長（当時）も、「飛行ルートや飛行時間を制限する使用協定の締結」や「一五年の使用期限」など七条件をつけて、それに合致するのなら、という限定付きでした。

——今は一〇〇年以上もつかう、埋め立て軍港になってしまった。

玉城　額賀福志郎《ぬかがふくしろう》さんが防衛庁長官(当時)になって、二〇〇六年にいまのV字型滑走路案になった。それ以前のさまざまな閣議決定もすべて撤回された。つまり最初から「基地がつくられるという前提になっていない所」につくるという〝前提ありき〟になってしまった。がそのために、辺野古の問題はデッドロックに乗り上げた状態になっているのです。

なおかつ、普天間の危険性はずっと放置されたままです。わたしたち沖縄県民の思いとして、「これ以上米軍基地の過重な負担は受け入れられない」、「戦争で奪われた住民の土地は住民に返しなさい」という、当然の主張をしているだけです。国際法上からいっても「いつまでも占領していることは認められない」と、閉鎖して返還することをしっかりと主張していきます。その前提に立って、日本政府はアメリカ側と協議すべきだと思います。

わたしが知事になったことについて、アメリカでは「海兵隊員の息子が、基地に反対する沖縄県知事に当選した」と大々的に報じています。しかも『ニューヨーク・タイムズ』は、アメリカ、米軍は、「もうこれ以上米軍基地を受け入れられない」という沖縄の主張を認め、基地建設を見直すところまできているのだとはっきり書いている。ですから、国際社会にたいして、わたしたちが堂々と、民主主義、そのあり方について主張し、協議をするべきタイミングだと思っています。

——翁長前知事も玉城知事も辺野古基地に反対を掲げて当選しました。これが民主主義です。市民はこの二回の選挙で「辺野古基地はいらない」とはっきり主張しています。ですから、政府は乗り込んでこられないはずです。中央と地方自治体は対等なのですから。アメリカの平和を愛する市民たちも理解するはずです。「新時代沖縄」の出番です。そういう新しいステージこそが今度の選挙結果だと感じたひとたちが喜んでいる。日本がどこに行くかわからない暗い時代に、ここからハネ返していきたいと感じるひとが多いと思います。

玉城　翁長さんは、「辺野古に新基地はいらない」という公約実現のために命を削った。その公約を、アメリカの血を引く玉城デニーが受けて、堂々と父の国アメリカに行って「アメリカの影響を受けた日本の戦後民主主義の中で育ち、アメリカにもルーツを持つ人間が、いまアメリカに、その責任を求めています」とキチンと言えるようになった。「民主主義という普遍の価値観で受け止めてほしい」と。アメリカは普天間にも辺野古にもこだわっていない、と思います。

沖縄を平和の島にする責任

――公約に掲げた「万国津梁《ばんこくしんりょう》会議の設置」も、これからアジアの国との関係で大きな仕事ですね。

玉城　沖縄は「平和の緩衝地帯、安全保障の緩衝地帯であるべきだ」と翁長知事もおっしゃっていました。台湾、東南アジアの国々、中国、韓国、場合によっては韓国と北朝鮮がうまくやっていくのであれば、この両国家とも「万国津梁」の思いで橋渡しをしていこうと考えています。そのための「万国津梁会議」を立ち上げ、沖縄という歴史、文化に根ざした拠点を、さらに平和の拠点としても発信していきたいと思っています。ソフトパワーで、人材外交、芸術外交、文化外交もどんどんやっていこうと思います。(〝万国津梁〟とは、一四五八年、琉球王国第一尚氏王統の尚泰久《しょうたいきゅう》王が鋳造させた、釣り鐘(梵鐘)「万国津梁の鐘」に刻まれた銘文。津梁は橋渡しの意味)

――沖縄が平和の緩衝地帯、安全保障の緩衝地帯になっていけば、基地はいらなくなります。

玉城　将来的な話ですが、この地域が平和になれば、わたしたちはわたしたちの専守防衛の施設だけ持っていれば十分だ、とそれぞれの国が思っていただけるようになれる、と思います。

「誇りある経済」「誇りある沖縄」。政治家翁長雄志が掲げた沖縄の未来像である。この道を、後継者の玉城デニー知事が進んでいく。たしかに困難な道かもしれない。しかし、それが王道である。その自信がいま沖縄のひとたちにはっきりとみえてきた。

二〇一三年、仲井眞弘多知事が辺野古新基地建設を認めたのと引き換えに、なにがしかの予算の増額を政府から約束されて、「これでいい正月がむかえられる」と相好を崩してみせた。それが裏切り行為として沖縄で嫌悪された。いま、彼は翁長前知事と対極にある政治家として記憶されている。中央官僚出身者として身に着けた仲井眞知事の奴隷意識にたいして、翁長雄志は沖縄の土壌から生みだされた沖縄の歴史的な政治家であり、玉城デニーは「戦後沖縄の歴史を背負った政治家」(翁長氏の言葉)である。日米の歴史の真っただ中にあって、これから未来の平和にむけて働く政治家なのだ。

あとは、ヤマト(本土)にいるわたしたちが、歴史にどうかかわるか、であろう。それが問われている。沖縄を平和の島にすることがわたしたちの責任なのだ。

III

亡国の原発政策

生ぎろ東北！
──原発事故から八年目の被災地を歩く

復興支援活動での連帯感

東北新幹線福島駅から南相馬市《みなみそうま》へ行くには、阿武隈《あぶくま》高地を越えて太平洋にむかって突き進む。途中、飯舘村《いいたて》を通過する道である。日はすでに暮れていた。暗闇のなかに、ポツン、ポツンと家庭の明かりが認められる。村びとたちが帰っているのだ。ホッとする、とともに大丈夫かな、とも思う。

福島原発から三〇キロ以上も離れている飯舘村が、全村避難指示区域になったのは、上空を通過した放射能雲《プルーム》のせいだ。指示の遅れた避難から、もうじき八年目に入る二〇一七年三月。村内の明かりは、まだ間遠にしか認められなかった。

二〇一一年三月一一日。東日本大震災と福島原発爆発事故が発生。その二カ月後の五月、そして一一月、わたしは南相馬市から相馬市、さらに県境を越えた宮城県名取《なとり》市から気仙沼《けせんぬま》市まで、太平洋岸のいくつかの避難所をまわった。

津波に攫《さら》われた地域で「復興支援活動」に取り組む、多くの自治労組合員たちを訪ね歩いたのだ。

支援に駆けつけてきた他都道府県からの組合員たちと、被災者となった地元の組合員たち。その出会いは感動的な物語だった。初めて出会った被災地の仲間たちの仕事をサポートするため、寝袋で体育館に宿泊、二四時間勤務で働いていたひとたちも多かった。

「自衛隊や消防団の姿はテレビでよく報道されましたが、公務員は絵にならなかったようです」

自治労福島県本部の志賀一幸委員長は残念そうだった。地方公務員なら縁の下の力持ちが当たり前、と考えられているからだろうか。いわば災害対策のプロというべき自衛隊や消防団にまじって、流木、土砂の片付け、ときには遺体収容まで手がけた一般公務員にとって、それは過酷な仕事だった。

公共サービス労働者の任務

「このような未曽有の災害に対して、自治労は『地域住民の命と生活を守る』という公共サービス労働者としての自覚のもと、組織の総力を挙げて、被災地の支援を行っていかなければならない」

震災直後の三月一六日、徳永秀昭自治労委員長(当時)の呼びかけである。この呼びかけによって、自治労は五億三〇〇〇万円のカンパを集め、三カ月間でのべ二万一〇〇〇人の組合員を応援のために、東北三県に派遣した。

わたしはこのとき現場で出会ったひとたちに触発されて、つぎのように書いた。

「大阪、神戸など関西地区からこられた組合員の、生き生きした報告を聞きながら、わたしは、本来、組合活動とは人間運動であり、人間的な連帯運動であり、人間的な成長をもたらすものなのだ、

とあらためて考えさせられていた」(「生ぎろ東北」『自治労通信』二〇一一年七・八月号)

飯舘村を通り抜けて南相馬市に宿泊。翌朝、前回のように県本部の佐藤寛喜組織部長の案内で、市役所を訪問した。当時の市職労委員長だった鈴木隆一さんは、いまは建築住宅課で住宅支援の仕事を担当している。

市役所の入り口に、「脱原発都市宣言」の大きな看板が立っている。鈴木さんに聞くと、桜井勝延前市長の時代に立てられたとのこと。この街の一部は、七年経ってもまだ避難指示区域にされたまま。しかし、原発立地自治体である大熊町、双葉町でさえこのような宣言はない。県内でもここだけだ。

突然、原発爆発の映像

非核宣言自治体が全国にほぼ一六〇〇カ所もあるのは、原水爆禁止の平和運動の成果だ。「脱原発宣言」も福島県を先頭にして、全国市町村議会でこれから拡げる必要がある。鈴木さんと話しながら、わたしはそう考えていた。

大地震があった翌日、三月一二日一五時三六分。遠くに見えていた原発が、突如として爆発する瞬間が、地元のテレビで無音の映像として流された。監視カメラが捉えたものだった。爆発などの情報はまったくなかったから、鈴木さんは目を疑った。

「避難」が必要になるな、と漠然と考えた。それまで、原発事故後の公務員の仕事など想定したことはなかった。鈴木さんは、少し落ち着いたころ、同僚とふたりで防護服を着て、原発から一〇キロほど離れた浪江町《なみえ》との境界あたりまで調査に出かけた。

鈴木さんは税務課資産税係勤務だったから、沿岸部の津波被害、町場の地震による家屋倒壊など、罹災証明にかかわる先行調査をしたのだ。放射能がまだ強く残っていたころなのに、罹災調査に出かけた公務員がいたなど、小説のような世界である。民間企業などは、とうに休業、閉鎖の状態だった。

当時は、被曝などに気がまわらなかった。現在は、不安と言い切れるほどでもない、漠然とした不安のようだ。「曇り空みたいな気持ち」と鈴木さんが言うと、そのそばで市職労副委員長の寺田亮さんが「先の見えない不安」とつけ加えた。年に一回、職員はホールボディカウンターを受診、ガラスバッジを三カ月に一回交換して、内部・外部被曝線量をチェックしている。

被災前、南相馬市の人口は七万一五六一人だった。それが震災後は、一万人ほどが市外に転出し、七〇〇〇人ていどが市外での避難生活を送っている。ほかに震災の直接死と関連死が一一〇〇人を超え、自然死と合わせ五〇〇〇人以上。それで四万九〇〇〇人。震災前にくらべておよそ二万二〇〇〇人減となった。

その後、原発の安定化工事や地域の復旧工事がはじまり、さらには原発周辺から避難してきたひとたちによって、人口が六〇〇〇人ほどふえた。プラスマイナスして、いまの居住人口は五万五〇〇〇人ていど。いずれにしても、南相馬市ばかりではなく、原発周辺の人口流出は進み、ふえることはなさそうだ。

原発で親子三代働いている家族はめずらしくなかった。正社員、下請け、孫請け、あるいは関連産業などで、それぞれに安定した生活をしていた。それが一挙に崩壊した。

急激に変化した自治体

労働組合として配慮したのは、職員の休みを確保すること、超勤手当の支給だった。どんな状況であっても、組合員の健康と権利とを守るのが、労働組合の任務である。過労死や過労自殺の発生は、労組の大問題である。避難所運営などで、業務が膨大にふえたなかでも、休日の確保は重要だ。当局にも理解があった。

「日常業務と復旧業務の同時進行のバランスをとる。その中での組織強化。それが重要な課題だった」と寺田さん。

組合員数は、事故前七五四人だったのが、事故後九カ月たった二〇一一年一二月には六六九人、八五人が減った。いまは「任期付き職員」(有期職員)がふえ、採用地が拡大したので、他都道府県出身者も目だっている。

一方で、廃炉作業にむけて全国から労働者が集まっている。何千人もの労働者が原発構内で働いている。そこはまた、ロボット産業のテストフィールドにもなっている。もっとも危険で前近代的な労働と、ロボット・ITが大量に投入される現場。原発建設前と建設後、そして事故後。これほど急激に変化した地域はない。

これから、東京電力第一原発六基が廃炉になる見通しにある。第二原発四基の未来もない(二〇一九年七月、廃炉決定）。長期にわたる膨大な工事量が発生する。そのなかで、原発にもっともちかい市、南相馬市がどのような将来像を描くのか、市職労がはたす役割は大きい。

南相馬市から国道六号線で北上して、隣接する相馬市の市役所にむかった。その日の新聞には、ふたつの重要な記事が掲載されていた。

ひとつは南相馬市小高《おだか》区（旧小高町）の住民が、東電にたいして損害賠償を請求した裁判で、東京地裁が原告三一八人に一一億円を支払え、と命じたことである。請求が一一〇億円だったから、その一〇％の金額でしかない。判決は強制退去指示によって、憲法二二条の居住の自由、憲法一三条の人格権が侵害されたと認めた。

しかし原告側は、（国の指針での一人あたり八五〇万円に）一人あたり三三〇万円の上乗せでは少なすぎる、と批判している。

小高地区はおなじ南相馬市でも、全面的に避難指示がだされ、いまなお解除されていない地域がある。農地が荒れ、ひとの住まなくなった故郷喪失感は、どれほどのおかねを積んでも解消することはない。

もうひとつは、県内の公共土木工事が、年度内に八四％復旧する、と福島県が発表した記事。二〇二〇年中までに完工する、という。クルマで走っていても道路沿いは至るところ復旧工事中で、膨大な工事が進んでいるのを実感できる。

これからの困難な課題

原発からほぼ四〇キロ。相馬中村藩の城下町である相馬市は、白壁、切り妻屋根の和風の新庁舎や市民会館を復興させ、市街地は落ち着いた感じを取りもどしている。

「嫌なことは忘れていくっていうか、すごく抜けてきています。多忙を極めていたときに、自転車で出かけて、帰りはボンヤリ歩いて帰ってきたことなどを思い出したりしますが」

当時、市職労委員長だった鈴木孝守さんが振り返って言った。一緒にお会いした竹岡博之さんは、前に来たときは県本部組織部長として、現場を案内してくださった。実家も両親とも一挙に奪われていたのだが、そのとき彼は一言も言わなかった。

両親の遺体は、六〇キロほど離れた二本松市で火葬にした。市内の火葬場は満杯だったからだ。お葬式どころではなかった。家族も家屋もなくなっても、市職員は仕事に出なければならなかった。相馬市での死者は四五八人だった。

「いまはもう思い出さない、いや思い出さないようにしています」と竹岡さん。鈴木さんが明るい声で「最近になって、ようやく復興が本格的に動き出したって感じ」と言うと、「相馬の海苔も放射性物質検査が不検出だったので、出荷できるようになった」と竹岡さんがつけ加えた。

大震災からの復旧。復興事業で、組合員でも即戦力のある技術職や専門職の仕事が急増した。ほかの地域では技師や医師、獣医師、保健師、薬剤師が、避難指示や自主避難で去ったようだ。全般的に建築、土木事業、保健事業の需要が急増している。民間企業もふくめて、人員が足りない。

鈴木さんと竹岡さんの話によると、地元から越境し、福島市や仙台市の高校に通う子どももふえたという。避難指示で人口が急減したあと、子どもをどこで教育させるか、それが家族のあらたなテーマになった。避難先の学校で友だちができれば、帰還しにくくなってしまう。

農業を再建するにしても、家族経営自体が難しくなっている時代に、農機具を買い整えるのは、後継者には不安が多すぎる。共同体が壊されては、機械だけで草刈り、堀払いなどの「結い」作業に代えることはできない。無人地帯がふえ、イノシシが身近にあらわれ、獣害がふえている。

漁家でも、漁船をあらたに建造したにしても、漁業のノウハウを学ばせ子どもに継がせるには、将来の漁獲高や流通に不安が多すぎる。過疎化と自然界の関係、そのスパイラル状の劣化を、大震災と原発事故の後遺症が、さらに加速させているようだ。

「やっぱり自治労でよかった」と二人は口をそろえていった。それが復興支援活動の熱さと厚さを示している。自治労運動には、連帯と協同の精神がある。ネットワーク型組織の強さである。

閖上地区日和山

名取駅前で待っていてくださった、宮城県本部の佐々木俊彦さんに案内されて、前回取材のように、名取市閖上《ゆりあげ》の日和山《ひよりやま》へむかった。山といっても、六、七メートルの「小塚」という程度の高さなのだが、そこから眺めた光景は、その後もこころに深く刻まれている。

二〇一一年五月、そのとき、わたしは「荘厳」と書いた。三六〇度、眼路《めじ》の限り、灰色の泥に覆われた廃墟が広がっていた。泥色の大地に散らばった骨のように、家屋の土台石が転がっている。原爆投下直後のヒロシマの写真を思わせた。そこに立つだけで、濃くて重い空気に包まれ、あたりに声のない叫びが響きわたっているようだった。わたしは思わず両手を合わせて、見えない霊を拝んだ。

津波が押し寄せるまで、五六〇〇人余りのひとたちが住んでいた閖上地区。海に引き込まれていった、想像に絶する多くのいのちにただ頭《こうべ》を垂れるしかない。眼下に、剝《は》ぎとられた土台だけの街の残骸があった。逃げ遅れたひとたちはどうしたのだろうか。

わたしはそこへ行く二、三カ月前に、たとえば、岩手県大槌《おおつち》町の民宿の屋根にのしかかっている、観光船の異様な光景を見ていた。釜石市や福島県の浪江町、さらに、原発から五キロしか離れていない大熊町の、ひとっ子ひとり通らないまま、いまも静かに朽ちている、無人の商店街などを歩いている。

しかし、この日和山を囲む、広大な廃墟の息を呑む光景ほど、大自然の力を恐怖させたものはなかった。それから七年経ったいま、閖上地区の復興はまだはるか遠いにしても、港には防波堤がつくられ、背の高い慰霊碑が建てられ、どこか穏やかな表情を見せているように感じられた。

悲しさを刻む「震災遺構」

「震災遺構」として、四階建ての校舎がそのまま保存されている、仙台市立荒浜小学校の前で、用務員として勤めていた鈴木仁子さんと再会した。彼女は津波を避けて屋上に逃れ、自衛隊のヘリコプターで救出されたひとりである。

「当時のことは、あまり思い出さないようにはしていますけど」

というのだが、地震があったりすれば思い出さざるをえない。大地震の二カ月ほど前、社会福祉協議会主催で避難所運営訓練をやっていた。子どもたちを四階に誘導し、地域のひとは地域ごとに教室に案内し、名簿をつくる、などだった。が、まもなく想定以上の巨大津波が襲来した。

一、二年生は下校していた。在校生が九〇人、それに地域のひとたちが二三〇人ほど、ともに屋上に避難して助かった。その後は、ほかの小学校の校舎を借りて授業をつづけた。「荒浜小学校」は二〇一六年三月に閉校した。最後の日、みんなで屋上から風船を飛ばして、一四二年の学校の歴史にさようならを告げた。

鈴木さんは、いまも仙台市の小学校で働いている。住んでいる家の窓から、廃校になった荒浜小学校がよく見えるようになった。周辺の建物がなくなったからだ。

そこから、わたしたちは、宮城県気仙沼市役所にむかった。途中、北上川《きたかみ》に架かる橋の先にある、石巻《いしのまき》市立大川小学校にたち寄った。コンクリート製、曲線の美しいモダーンにして、頑丈そうな校舎である。

あの日、北上川の河口から、津波が一気に駆け上り、橋のほとりにある小学校を飲み込んだ。児童七四人、教職員一〇人が犠牲になった。

なぜ学校側は児童を裏山に避難させず、ムダに校庭で待機させせたのか。それが裁判の争点にされた。

はるか三・七キロ先の河口から、高さ八・七メートルの津波が押し寄せる、と誰も想像できなかった。退避の判断が遅かったのだ。(賠償責任を追及された市と県に、二〇一八年四月、仙台高裁の判決が出された。提訴した児童二三人の遺族に一四億三六〇〇万円の賠償命令。二〇一九年一〇月、最高裁が市・県の上告を棄却し確定。大川小学校は二〇一八年三月末で閉校になった)

もう日が暮れかかっていた。校舎は黒い闇のなかに沈んでいた。祭壇状の慰霊碑の両脇に太陽光発電の灯明がたっている。そのかすかな光が悲しげに揺らめいていた。

翌朝、南三陸町の防災対策庁舎を望む丘の上に寄った。三階建ての鉄骨だけが剝きだしになっているのを遠望できた。

屋上の二メートル上までも津波が上ってきた。仕事で残っていた市職員を攫って去った。辛うじて屋上に駆け登った三〇人のうち、太いアンテナにしがみついて耐えたひとをふくめ、一〇人だけが生き延びた。屋上から流されたものの、ただ一人、奇跡的に助かったのが、三浦勝美委員長(当時)だった。

不幸にも、最後まで「避難してください」と防災無線のマイクを握っていた、二四歳の女性職員は犠牲になった。

「生きろ東北!」希望にむかって

気仙沼市役所にまで足を伸ばしたのは、これまで二回お会いしていた、畠山勉さんの話を聞きたかったからだ。

避難所になった階上《はしかみ》中学校の体育館。玄関から入った横の小部屋が事務所で、ここに机を据えて、震災発生の日から四カ月間、畠山さんは泊まり込み態勢だった。両親もその学校の音楽室で、避難生活を送っていた。

洋服を脱いで寝ることができたのは、二カ月経ってからだった。スポーツマンタイプで長身、健康に恵まれていた。だからこそ激務に耐えられた。しかし、一時期二〇〇〇人もいた避難者に、二四時間勤務で対応するなど尋常ではない。体重が一〇キロ減った。いまは観光課にもどっているが、やはり忙しそうだ。

最初に訪問したとき、体育館の横の塀《へい》に「生ぎろ東北！」と書かれた横断幕が張られていた。東北出身のわたしは、この叫びの切実感に感動させられた。政府筋の「頑張れ日本」のスローガンは嫌悪感があったのだが。

「いのちからがら逃げてきたひとたちは、近所の顔見知りが多かった。一緒にいることができて、情報もはいったので、絶望感はやや薄まった、と思います。当初は生死ギリギリのところで暮らしていました。でも、支援物資が届くようになると、ルールを無視して、私欲を剥きだしにするひとが出てくるんですね。『足るを知る』ことが大事と教えられました」

と畠山さん。極限状況での集団生活のなかで、どう人間的に生きるか。哲学的なテーマだ。

一方では、瓦礫片付けや側溝の泥上げ、床板剥がし、床下泥の掻きだしなど、集まってきたボランティアの無私の活動を見て、畠山さんは涙がこぼれそうになった。それぞれが人間の姿である。

自治労派遣の支援グループは、六人態勢で、目の前の状況にあわせて仕事を考え、仕事をつくり、ノートに引き継ぎ事項を書いて次のチームに繋ぐ。「そのひとたちへの感謝の気持ちは忘れていない。ただ、混乱状態にあった初期の頃は記録も付けていなかったので、一番苦しい時に助けていただいた方にきちんと御礼できていないことが、いまでも残念」と畠山さんは申し訳なさそうだった（後日、『自治労通信』編集部を通じて連絡がついた）。

湾口に近い、長大な気仙沼湾を見下ろす安波山《あんば》に登った。倒壊した石油タンクが火を噴きながら湾内を漂った、と伝えられている。その凄惨な光景が見えるようだった。が、いま湾岸は冬枯れながらも、いくつかの色彩を取りもどして、悲惨さはすっかり薄らいでいた。

大災害から七年経った。ひとびとは原発事故の被害からはまだ立ち直れないにしても、地震と大津波の被災からは、とにかく生活を取りもどしはじめている。先祖たちが苦難を乗り越えたように、希望にむかって。歴史的な悲劇の記憶を消してしまわず、どう未来へ教訓化できるのか、その苦しい努力は、これからもまだまだ続く。

鉱毒と核毒

――明治を模する「富国強兵策」の愚

一九〇二(明治三五)年。一七歳になった大杉栄が、新潟の新発田《しばた》から東京に出てきて間もないころだった。早稲田大学に近い、牛込《うしごめ》(新宿)区矢来《やらい》町に下宿していた。名古屋の陸軍幼年学校を退校処分になったあと、私立の旧制中学校への編入をねらってのことである。

ある日の夕刻、おなじ下宿にいた早稲田の学生たちが、どやどやと出ていく足音がした。障子《しょうじ》をあけてみると、四角い学帽を被った二〇人ばかりが、大きな旗や高張提灯《たかはりぢょうちん》を担いで騒がしかった。

「もう遅いぞ。駈足《かけあし》でもしなくちゃ間に合うまい」

「そうだ。駈足だ！　駈足だ！」

学生たちは「谷中《やなか》村鉱毒問題大演説会」と筆太に大書した幟《のぼり》を先頭に駈けだしていった。姿が見えなくなっても、「おいっち、にぃー、おいっち、にぃー」というかけ声がしばらくのあいだ聞こえていた。

「その声はいまでもまだはっきりと僕の記憶に浮かんでくる」(『自叙伝』)と大杉は書いている。大杉栄が「社会問題」と遭遇した最初の瞬間だった。

鉱毒闘争のはじまり

まだ一〇代の大杉が、閉鎖的で、社会の情報から生徒たちを一方的に遮断していた、軍人養成の陸軍幼年学校で過ごしていたころ、京都出身の商人・古河市兵衛は、栃木県足尾山塊に買収した鉱山で、近代的な生産方式の導入によって合理化と機械化を急速にすすめ、銅の産出量を一気に拡大させようとしていた。

足尾鉱毒が社会的に問題化したのは、古河に買収されて一三年ほどたった、一八九〇(明治二三)年一二月。栃木県足利郡吾妻《あがつま》村臨時村会において、県知事にたいして、足尾銅山鉱業停止を求める「上申書」が提出されて以来である。それにつづいて、県会でも鉱毒除害の建議が提出されている。これらを受けて、その年に県議を経て衆議院議員となっていた、近隣の小中《こなか》村出身、田中正造が、翌年一二月の第二回帝国議会において、「足尾銅山鉱毒の儀につき質問書」を提出した。

田中正造の質問とは、大日本帝国憲法第二七条の所有権の不可侵、日本坑法や鉱業条例によって、公益に害があるときは試掘、採掘の認可、特許を取り消すことができるはずだ、しかるに、目下、足尾鉱山から流出する鉱毒が、渡良瀬《わたらせ》川流域に巨万の損害を被《こうむ》らしめているのに、政府はなんの対策もない、という批判だった。

「去る明治二一年より現今に亘《わた》り毒気は愈々《いよいよ》其《その》度を加へ、田畑は勿論《もちろん》堤防竹樹に至るまで其《その》害を被り、将来如何なる惨状を呈するに至るやも測り知る可《べか》らず、政府之を緩慢に付し去る理由如何」(原文

はカタカナ書き）

現実は田中正造が予見したような惨状がすすむことになる。その日以来、正造は二二年後に眼を閉じるまで、鉱毒被害を生み出した政府、県、官僚、古河資本、つまりは「鉱毒マフィア」と敢然と戦いつづけることになる。

企業利益と人命の対立

正造が国会で政府の鉱毒発生源の操業停止を要求していたころ、鉱山では鉱害対策などまったくなされていなかった。精錬所周辺の樹木は煙害によって倒れ、剝《む》きだしになった山肌は黒く淀んで凄惨な光景となった。谷間の奥深くに捨てられた鉱滓《こうさい》から滲み出した膨大な鉱毒水は、豪雨がくるたびに渡良瀬川をつたって、下流の広大な沃野《よくや》に浸透した。だから、飲用水ばかりか、農作物、魚類などを汚染し、多大なる死者や病人を発生させていた。

一八九六（明治二九）年、七月、九月と連続して渡良瀬川の大洪水となった。被害激甚区の田畑は、二センチもの毒泥に覆われた。そして「足尾銅山鉱業停止請願」なる文書があらわれた。正造の手になるものだった。補償要求などではない、鉱業停止請願がはじめてなされたのだった。ここでは古河の「私利」と人民の「公益」が明確に対比されている。

翌年二月の国会で、正造は「公益に有害の鉱業を停止せざる儀につき質問書」を提出して追及した。議事録によれば、要旨はつぎのようなものだった。

鉱業人は「粉鉱採集器」を設置しているから、植物への被害はこれから先にはない、と言いながらも、六年経って鉱毒の被害はますます増加している。

一八九四(明治二七)年から日清戦争がはじまり、「挙国一致」のため議会での質問を中止していたが、地方官僚たちは壮丁出陣の不在を狙って、日々、被害地に出没し、老夫幼童を威嚇《いかく》し、自己随意の永久示談金の契約書をつくって判子を押させ、鉱業人のために謀《はか》らんとしている。

鉱毒被害のため、川魚野菜が欠乏し栄養減じ、身体健康を害する幾多の人民はいかにして生命を全うせしむるか、などというのが正造の批判点だった。私企業の鉱山操業と人命とが対立する。その現実を明らかにして、正造は住民大衆を率いる指導者となった。

亡国に至る道

このあと、田中正造は、質問主意書を矢継ぎばやに作成しては政府に回答をもとめ、議場で獅子吼《ししく》して糾弾、政府、鉱山、官僚の非を攻め立てていた。鉱毒農民たちも、被災地から政府にむけて、前後四回の「押し出し」(遠征抗議行動)を敢行した。

一九〇〇(明治三三)年二月の第四回押し出し(島田宗三『田中正造翁余録』では第五回とされている)は、のちに川俣《かわまた》事件と呼ばれる、逮捕者一〇〇名以上にのぼる、大弾圧事件となった。

およそ三〇〇〇人の鉱毒被害民は、群馬県館林《たてばやし》の雲龍寺を出発、東京を目指した。しかし、利根川に架かった川俣橋の手前で阻止線を敷いていた、二〇〇人の警察・憲兵から、殴る蹴るの暴行を受けた。一〇〇人以上が逮捕され、「兇徒聚衆罪《きょうとしゅうしゅう》」などの罪によって前橋監獄に収容され、五一人が起訴された。この時、正造が国会に提出したのが、よく知られている「亡国に至るを知らざれば之れ即《すなわ》ち亡国の儀につき質問書」である。「民を殺すは国家を殺すなり。法を蔑《ないがしろ》にするは国家を蔑にするなり。皆自ら国を毀《こぼ》つなり。財用を濫《みだ》り民を殺し法を乱して而《しこう》して滅びざるの国なし、之《これ》を奈何《いかん》」。

正造は一時間以上にもおよぶ大演説を、古河市兵衛への八千町歩におよぶ山林払い下げ問題からはじめている。八千町歩、時価で、二〇〇万、三〇〇万円に匹敵する山林が、たった一万円で払い下げられ、濫伐《らんばつ》された、との糾弾である。今流にいえば、安倍内閣の森友学園への超格安払い下げに繋がる、官民一体、政権への迎合忖度《そんたく》疑惑である。

さらに鉱毒被害として、正造はすでに一〇〇〇人もの死人がでている、と指摘し、川俣事件での軍隊の暴力、それらが「民を殺す」とも表現している。ところが、この一時間にもおよぶ質問にたいする山県有朋《やまがたありとも》の答弁書は、「質問ノ旨趣其《その》要領ヲ得ズ、依《よっ》テ答弁セズ」と、木で鼻を括《くく》ったものだった。「一強」を気取っていまにつづく、国民無視の姿勢である。

被害民にたいする支援運動はひろがっていた。が、第二次山県有朋内閣は、そのあと「治安警察法」を公布、政治結社、集会、示威行動を規制、労働、農民運動の取締を強化した。ちなみにいえば、日清戦争のあと台湾割譲、日露戦争、韓国併合、大逆事件による左翼運動の大弾圧、と日本の帝国主義の強権化が急速にすすむことになる。

『田中正造全集』(岩波書店)に収集されている演説には、長広舌のものが多くふくまれている。実際の音声《おんじょう》はどのようなものだったのか。気になるところだが、安倍磯雄はつぎのように証言している。「田中翁の雄弁は実に一種の天才である――第一翁は雄弁家として実によい要素を備えていた。声がよい。二時間や三時間演壇に立って議論しても、益々《ますます》声が確かになって、明らかになって、力強くなればとて、衰える等という事は更《さら》にない。あんな立派な声を持った人は日本人には実に珍しい。第二に翁の熱誠は大いに其雄弁を助けて居る。又第三にその題目が良かった。昔から雄弁は何か標的なしには出来たゝめしがない。翁は実に鉱毒問題、谷中問題という、偉大なる題目を捉えて居た。(中略)其熱誠な中に又皮肉も、滑稽も交じって一層の感興を加えて居たのである」(柴田三郎『義人田中正造翁』)

人柄について、柴田三郎は大隈重信《おおくましげのぶ》の評言を引き出している。「鉱毒問題が始まった頃、わしが、鉱毒不熱心だと云って、或時、鉱毒の土を、新聞紙に包んで、持って来て、庭の盆栽に、ぶちまけた。どうも弱ったね」。

谷中村が与えた影響

一九〇一(明治三四)年一二月一〇日、ひと月前まで衆議院議員として、院内外で果敢かつエネルギッシュに言論戦をおこなっていた田中正造は、劣勢の局面を一挙に打開するべく、奇策に打ってでた。黒の羽織袴《はおりはかま》に白足袋《しろたび》の正装、国会から皇居に帰ろうとする明治天皇の馬車を待ち受け、決死の直訴を敢行した。右手に掲げていた「謹奏」状には、「加毒ノ鉱業ヲ止メ毒水毒屑ノ流出ヲ根絶スル」などが求められていた。沿道から駈けだしてきた正造を認めた警備の騎兵が、馬首を急旋回、力余って落馬した。身を翻《ひるがえ》した正造も転倒して、槍《やり》で突かれずにすんだ。この捨て身の行動が大々的に報道され、世論は正造の狙い通りにまた沸騰するようになる。

直訴状を一晩で書き下ろして、正造の決行に加担した幸徳秋水のような、無政府主義者や社会主義者ばかりではなく、キリスト者、仏教徒、教育者、ジャーナリスト、鉱毒地救済婦人会、さらには大杉が活写したような学生たちが、連日の集会に参加した。

たとえば、帝大生だった河上肇《かわかみはじめ》は一二月二〇日、本郷中央会堂での「足尾鉱毒地救助演説会」に参加している。河上は正造やキリスト者の田村直臣《なおおみ》の演説に感激したあまり、着ていた二重回しの外套《がいとう》、羽織、襟巻きをその場で脱いで、鉱毒被害者へのカンパに換えた。

ただ、大杉が上京したのは、翌一九〇二年一月なので、その集会の翌年のことになる。遠ざかって行く「おいっち、にぃー、おいっち、にぃー」のかけ声が、大杉の運命を決めた。

「ちょうどそのころがこの問題について世間が大騒ぎしている最後の時であったのだ」と彼は書いている。しかし、谷中村の強制収用は一九〇七年だった。だから、谷中村の抵抗はそれからでもあと五年以上も続いていた。田中正造の死は、それから六年ほどあとの一九一三年九月だった。

「——僕ばかりじゃない。その翌年、幸徳秋水と堺利彦とがその非戦論のために『萬朝報《よろずちょうほう》』を出て、『平民新聞』を創《はじ》めて、新しいソシアリスト・ムーブメントを起こした時に、それに馳《は》せ加わった有為の青年の大部分は、この鉱毒問題から転じてきたものか、あるいはこの問題に刺激されて社会問題

に誘いこまれたものであった」(大杉『死灰の中から』。イニシアルは、実名に直した)

大杉はこの手記のなかで、深甚なる自己批判をしている。谷中村視察に行った伊藤野枝が、「残留民」の境遇を目撃、感動、悲憤慷慨《ひふんこうがい》して帰ってきた。夫の辻潤《つじじゅん》がややもてあまし気味に冷笑し、結局不仲のもとになるのだが、大杉はその野枝の「血の滴《したた》るような生々しい実感のセンチメンタリズム」をまっこうから受け止め、左翼運動家の陥りやすい、客観主義を捉え直す。

「僕は僕のなまじっかな社会学から、虐《しいた》げるものと虐げられる者との階級をきめていた。甲階級のものが乙階級のものを虐げるのは自明の理ときめていた。そして僕のこの理知は、どれほど他人を虐げるものがあっても、またどれほど他人に虐げられるものがあっても、すこしもそれを不思議としない感情を僕に養った。しかもこの虐げるとか虐げられるとかいうのは、僕にとっては、多くは事実そのものから得た実感ではなくただ書物の中で学んだ理屈に映った概念であった。直接に事実そのものとぶつかって、その事実の生々しい感銘が僕自身の肉となり血となっているというようなものはほとんどなかった」(『死灰の中から』)

官憲が堤防を切って残留民を水没させる、と脅かしても、それを当然の無法と考えてしまう。悪徳の官憲についても、それも「当然だ」とする客観主義は、「同情や同感を、実感として深めさせない。いい加減なところで上滑りさせる。その結果をより善き将来にきよさせたいとのみ考える。そしてそのためには、どんな犠牲でも、どんな悲惨でも、ただ面白いと感ずる」。

大杉のこの自己認識は、被害が大きくなればなるほど、状況が厳しくなれば厳しくなるほど革命が近づく、という、教条主義的な困窮革命論、革命待望論であり、決定的なまちがいであった。

大杉は野枝の「センチメンタリズム」(ヒューマニズム)によって、ようやく、「社会改革家の本質的精神」を取りもどしたようだった。

正造は「鉱毒地視察人心得」において、外見からは捉えがたい鉱毒被害の状況について語っている。それはそのまま、これからさらに拡大する、原発事故被害、放射能汚染への注意にも聞こえてくる。

「鉱毒の害に罹《かか》れるはただに人間のみに止まらず、野も山も、田も畑も、草も木も皆一として此《こ》の毒を受けざるはなく、肉眼に見ゆる部分は少く、且《か》つ痛く感ぜざるを以《もっ》て、病人自らは其の病を知らざるも病状は歩一歩に進み、日一日に急ならんとするなり、而《しこう》して其の病状たる多種多様にして各々皆其の趨向《すうこう》を異にし、人として物として多少の差異あらざるはなし」

病状は外見からでは判別できない。その訴えもそれぞれにちがうので、よく理解してほしい、と注意をうながしている。

谷中処分

渡良瀬川下流にひろがる谷中村を廃村、全村買収し、溜め池とする。村を丸ごと調節弁として洪水対策する、という政府の方針は、体のいい「鉱毒隠し」だった。人の里を洪水のたびに際限もなく流出する、鉱毒の沈澱地とする狙いだった。全村離村させ、反対する者の土地は強制収用する、という強権政治だった。北海道移住もふくむ「谷中処分」「鉱毒処分」は、榎本武揚《えのもとたけあき》農商務相のもと、「足尾銅山鉱毒調査会」の第二次調査会(一九〇三年)で報告されていた。県会の秘密会で可決されたのは、翌年の暮れである。

一九〇四(明治三七)年七月。「田中正造翁谷中村に臨《のぞ》まれ、虚構の村債金五万円を解決せざるときは、谷中村は遂に買収せられ廃村となるべしとして、本村有志者間を運動奔走す。後、本村にては青年会を組織し、其調査に着手す。然《しか》るに村中の某々等は却《かえっ》て之を憎み妨げ、為《ため》に論二派に岐《わか》る」。

一二月一〇日。「本県庁は谷中村買収問題を付議する為め本県会議員に酒色を供し、或《あるい》は三十二名の議員に対する七十六名の警官を以て警戒し、夜の十二時秘密会に於《おい》て可決せらる。議員大久保源吾氏外十一名の反対論ありしも正論遂に容《い》れられず」(『田中正造翁余録』上)。

島田宗三による、谷中村買収応諾の瞬間の、無念の記述である。正造が遺した一本の掛け軸「辛酸亦入佳境」は、逆境もまたよし、とする、正造の豪儀《ごうぎ》な抵抗の精神をいまに示している。それは一生を懸け、剝きだしの国家権力と捨て身で闘って得られた不動の境地だった。

鉱毒マフィアと原発マフィア

谷中村対策として、土地収用法を担当した内務大臣は原敬《はらたかし》であり、その前は古河鉱業副社長、顧問だった。陸奥宗光《むつむねみつ》外相の次男の潤吉は、古河家の養子になり、市兵衛死後、三三歳で跡を継ぐ。三代目の古河虎之助は、西郷従道《つぐみち》海軍大臣の娘と結婚。政、財、軍のトライアングル。華麗な、というより、醜悪な閨閥《けいばつ》といえる。

鉱毒予防の手抜き工事を監督した鉱山監督署長南挺三《みなみていぞう》は、古河鉱業足尾銅山所長に天下って、平然としている。避難指示、避難民の分断、官僚と企業、企業と政治家との癒着。現代の原発問題に通じる腐敗である。「人道の破壊、憲法の破壊、けだしこれより甚《はなはだ》しきはあらざるべし」。

強制収容によって家屋を破壊されながらも、仮小屋をつくって残留しつづけた、誇り高き残留民一六戸の、昂然かつ悲惨な生活は写真に遺されてある。

「厄介村」谷中が切り捨てられたように、いま被曝福島県のいくつかの町や村は、「核毒」の捨て場にされた。小児性甲状腺がんの多発も収まりそうにない。足尾鉱毒事件と田中正造の闘争は、残念ながら国家による人民殺害というべき、原発政策強行にたいする反撃の教訓にはなっていない。

残留民たちが北海道へ移住するのを見送ったあと、正造は日記（一九一二〔明治四五〕年六月四日）につぎのように書き付けている。

「――憲法ヲ破壊して民家を破壊シ、或ハ救ふの名の下ニ財産居住生命を奪へ、国費を投じて窮民を造り、以て治水と為す。皆銅山私欲の治水なり。治水ニあらず破川なり、破道なり、破憲なり。公益ニあらず亡国なり」

谷中村住民とともに戦い、その戦いの途上に斃《たお》れた正造が遺した頭陀袋《ずだぶくろ》のなかに、聖書、帝国憲法の小冊子とともに、道中の川原で拾い上げた三個の石ころがあった。それが財産といえばいえる私有物だった。しかし、その三個の石ころさえ、自然から持ち去ったとして、正造は痛みを感じていた。

「真の文明ハ山を荒さず、川を荒さず、村を破らず、人を殺さゞるべし」

「古来の文明を野蛮ニ回らす。今文明ハ虚偽虚飾なり、私欲なり、露骨的強盗なり」（六月一七日）

田中正造と足尾鉱毒、谷中村強制買収にたいする非妥協的な闘いの歴史は、一九七〇年代に公害反対闘争の中で蘇った。機動隊の暴力によって農地から農民を追いだした、一九八〇年代の成田空港反対闘争（三里《さんり》塚《づか》闘争）で学ばれ、いま原発事故と福島の避難者の苦境のなかに再現されている。大熊町と双葉町役場前の中間貯蔵地建設は、第二の谷中村である。

沖縄のやんばるの森やジュゴンの海を押しつぶして建設されている米軍基地や、石垣、宮古、与那国島への自衛隊基地建設もまた、破道であり、破憲であり、自然と人類の虐殺である。

鉱毒、有機水銀、カドミウム、アスベスト、放射能、核毒。正造が喝破《かっぱ》した「人類の毒殺」はつづく。文明の名のもとに、企業と政府が結託した利益追求の政策が、どれだけの人間を殺し、これから殺そうとしていることか。自殺者や病死者を出しながら、なお、安倍政権は避難訓練をさせつつ、恐怖の原発を再稼動させようとしている。尋常の沙汰ではない。そして、非戦を誓った憲法九条の破壊。敗戦のあと、戦後の民主主義運動がようやくはじまったとき、湯川秀樹は日記につぎのように書きつけている。

「科学のみが異常に発達し、人間の道徳心がこれに伴わない場合は、科学はかえって人類を破滅に導く原動力にさえもなりうる」

原発マネーで壊れた男の半生記

北海道の南端、函館《はこだて》港を発《た》ったフェリーが、津軽海峡を南下して着岸するのが、本州最北端の港・下北半島大間《おおま》港である。

降りてきた客に、派手なTシャツ姿の浮かれた観光客など見当たらず、ほとんどが地元のひとたち。駐車場に置いてあるクルマのエンジンをふかしては、蜘蛛《くも》の子のように散っていく。

ひとけのなくなった港を背にして、目の前の段丘を登っていくと、道の右手に細い路地の入り口があらわれる。と、ちいさな監視所が建っていて、電力会社に雇われたガードマンが、一日中眼を凝らして見張っている。

有刺鉄線を装備した背の高いフェンスが、道の両側を遮断している。クルマ一台が辛うじて通れる、曲がりくねった道のむこうに、背の高い、巨大なドーム型の建屋《たてや》が姿をあらわす。大間原発である。

その手前に、ログハウス「あさこはうす」がある。原発から五〇〇メートルと離れていない。六八歳で亡くなった熊谷《くまがい》あさ子さんが遺した土地と建物である。彼女は建設予定地にされた土地の買収攻撃を、たったひとりで撃退した。前代未聞のことだが、国策会社「電源開発」は設計を変更し、炉心をずらして建屋を後退させた。負の歴史のはじまりである。

それから一四年たった。まだ運転開始どころか、建屋の内側はがらんどうで、肝心の原子炉の設置はおぼつかない。

「関根浜の山崎竹助、知ってるでしょう、鎌田さん？」

「あさこはうす」に着くと、久しぶりにお会いした、あさ子さんの長女・厚子さんが問いかけてきた。放し飼いの犬たちがじゃれて飛びついてくる。アヒルがガァガァわめいて歩いている。

「竹助？　誰でしたっけ」

わたしは思い出せなかった。

「うちの母さんの土地を買収にきた、ほら、ピストル強盗事件の」

「あれ、山崎は、竹助だっけ」

「妹から電話がかかってきて、『あれだよ、あの竹助だよ、母さんのときの。こんどの金塊事件の犯人は』って、言ってきたんです」

「えっ」。わたしは絶句した。そんなことは、どこの新聞にも書かれていない。

二〇〇二年、青森県を大騒ぎさせた、原発がらみの七〇〇〇万円強盗事件があった。その犯人グループが、こんどは今年（二〇一七年）六月はじめ、青森から遠く離れた、佐賀県唐津《からつ》市名護屋《なごや》漁港で、一〇億円相当の金塊を中国から密輸入して逮捕された。本州最北端に住む男たちが「札束と金塊」、一生のうち、二度も物欲丸出しの犯罪の主人公になるとは。

「原発が来たから、こんな事件が起きるんだべさ」。厚子さんは、冷ややかに言い放った。

大間での狂言「強盗事件」の顚末

話は一五年前に遡る。二〇〇二年一〇月二一日。原発建設で揺れる大間町で大事件が発生した。濃紺の高級車ベンツ。そのトランクのなかに、帯封つき新札七〇束、七〇〇〇万円を収めた段ボール箱があった(といわれている)。ベンツは対岸に函館山を望みながら、津軽海峡沿いの道を西に向けて走っていた。大金は熊谷あさ子さんの土地を買収する資金である。

山崎竹助と木下憲一の二人が乗ったクルマは、大間町の海岸で発見された。たまたま通りかかった漁民が、場ちがいな高級車が、砂地の草むらに停まっているのを不思議に思って、近づいていった。と、車内を覗いてみると、二人の男が布製粘着テープでぐるぐる巻きにされてもがいていた。運転席の男が「早ぐ、警察さ、報《しら》せでくれ」と、猿ぐつわを自分で外して訴えた。「ピストルでここをやられた」というのを見ると、ダッシュボードに生々しい弾痕があった。

警察の調べによると、二人が大間町に入る手前の駐車場で休憩していると、突然、覆面男の三人組がドアを開けて乗り込んできた。ピストルを突きつけ、「クルマを出せ」と命じた。そのまま、七キロほど離れた、人目のない大間海岸まで走らせて停めさせた。

威嚇《いかく》のためか、いきなり一発発射、ひるんでいる隙に粘着テープで体を縛った。いつの間にか合流していたクルマがあった。それにトランクから出させた段ボール箱を積み替え、犯人たちは逃走したというのだが……。

その四〇日後、一二月はじめになって、県警と大間署などが、山崎竹助、木下憲一、松本治を、横領の疑いで逮捕した。「強盗事件」は用地買収の資金を着服するための狂言だったのだ。猿ぐつわを自分で外したのが、怪しまれた。第三の男・松本は、ピストル発射を担当した。ピストルは海に捨てたと供述したが、発見されなかった。この事件で、実際にあったのは、ピストルの弾痕だけで、七〇〇〇万円をトランクに積んだ、というのもウソだった。

そのカネは、逃走前に三人で山分けされていた。

主犯格の山崎竹助は、狂言事件が発覚した直後、むつ市関根浜漁協の理事を辞任した。しかし、山崎はもともと漁業者ではなかった。年間九〇日以上操業しない者に、正組合員の資格はない。しかし、準組合員の資格は曖昧《あいまい》で、だれでもなれる。準組合員でありながら、理事に就任できたのは、葛野繁春組合長の引きによった。

関根浜漁協は、原子力船「むつ」の母港建設、核燃料廃棄物の中間貯蔵施設建設反対運動を担ってきた。松橋幸四郎組合長のときまでは、経営は厳格だったが、葛野組合長になってからは、とかく金銭問題の噂がでるようになり、核燃料廃棄物中間貯蔵施設建設が進行するようになった。山崎竹助の理事就任はその一環だった。

熊谷あさ子さんが住んでいる大間町は、むつ市関根浜から津軽海峡沿いに、クルマで一時間ほどの距離である。国策会社だった電源開発は、最初はカナダ産のキャンドゥ炉、つぎは新型転換炉、そしていまは、世界にも例のない「フルMOX」炉を押しつけられてきた。

「海が汚されたら、大間は終わりだ」

電源開発(「J-POWER」とシャレていう)は、弱り目に祟《たた》り目というべきか、用地買収の最後の詰め、熊谷あさ子さんの一ヘクタール余りの土地を買収できなかった。二代にわたって社長が、畑仕事をするあさ子さんの前にたって、「一基だけでもつくらせてください」と泣き落としにかかった。が、彼女は「海が汚されたら、大間は終わりだ。海と畑があれば、人間は食っていける」との明快な一言ではねつけてきた。生前、わたしもなんどかお会いしていて、その強固な生活哲学を聞かされていた。わたしはあさ子さんから、電源開発が一億円を提示してきた、とも聞かされている。

狂言二人組が七〇〇〇万円を持ち歩き、あさ子さんを籠絡《ろうらく》しきれないでいるうちに、ネコババの誘惑に抗しきれなくなった気持ちは、推測できる。原発マネー、どっちにしても不浄のカネなのだ。

山崎と木下は二人とも、関根浜の定置網漁業、水産加工を営業目的とする「松橋漁業」の取締役に名を連ねていた。代表取締役は松橋幸蔵である。

「代表取締役・松橋幸蔵は、代表取締役・宍戸《ししど》路子と共同してでなければ会社を代表することができない」と定款に記載されてある。

松橋家は下北半島一帯での定置網漁業の成功者だった。が、没落した。幸蔵の屋敷は檜造《ひのき》りの豪邸だったが、本人も死亡して朽ち果てた。宍戸路子氏は関根浜に本店をもつ建設、砂利採取業「フロンティア開発」社長をも兼任。廃船となった原子力船「むつ」の母港から、核燃料廃棄物中間貯蔵施設にむかう一帯の用地を押さえていたのだが、その土地はついに道路用地として買収されずに終わった。

原子力船「むつ」は、一九七四年九月の一回きりの実験航海で放射線洩れで失敗、あえなく廃船になった。このとき、むつ市長として反対運動の先頭に立っていた、菊池渙治《かんじ》氏は人格高潔な人物だったが、使用済み核燃料の中間貯蔵施設（リサイクル燃料貯蔵）の誘致から用地買収までに関わった杉山粛《まさし》市長は、問題市長だった。無類の酒好きはいいにしても、議案の提案理由の説明中に、二日酔いに耐えられず、壇上から降りて助役に交代したり、痛風がひどくなって、靴と下駄を片っ方ずつ履いて議場にあらわれたりして、市民の顰蹙《ひんしゅく》をかっていた。

「東京からいろんな会社がやって来て、地元の会社を食い物にした。松橋漁業も食い物にされた一例だ」。むつ市の住民・杉山隆一さんの怒りの声である。

二〇〇七年、杉山市長の死後、彼が社長を務めていた会社が経営不振になって、西松建設から一億円、それも東電の承認をえた融資を受けていた（回収不能）。西松建設のダミー会社が、中間貯蔵施設用地の先行取得のための融資を受け持ったりして、原発地帯の暗闇を深めていた。

いわば、巨額にして乱脈を極めていた、「原発マネー」のあぶくのなかを泳いでいた山崎竹助と木下憲一が、一五年ぶりに大事件の主人公として再登場したのだ。

佐賀県唐津市の名護屋港は、豊臣秀吉の朝鮮侵略の拠点港として知られている。二〇一七年五月三一日午後、この港に「青森県奥戸《おこっぺ》漁港」と船腹に表記し、イカ釣り用の集魚灯を並べたてた、一九トンの漁船が入港した。男たちが、漁船から積み荷を降ろしはじめたとき、乗用車に張り込んでいた海上保安本部、佐賀県警の捜査員が飛びだして、大捕物、一網打尽にした。

容疑は二〇六キロの金塊（一〇億円相当）の密輸。関税法違反（無許可輸入）である。

原発マネーの「手下」になった報い

その日逮捕された壱岐《いき》市在住の船長も、むつ市出身だった。ほか、中国人三人、木下憲一など船長以外のむつ市出身者が四人の計八人。主犯格の山崎竹助は六月六日、東京湾岸警察署に出頭して逮捕された。八人のうちの一人は、竹助の長男である。イカ釣り船は、奥戸漁協所属の漁船だった。所有者が死亡したあと、船名はそのままにして、イカ釣り機、巻き上げ機などは降ろされていた。

下北半島の奥戸漁協に取材に出かけた。もずく採りの最盛期で、水揚げされたもずくが、小型トラックに積み上げられていた。津軽海峡の荒波をうけたもずくを、この漁協の名物にしたい、と係員が語った。漁船登録が抹消されているのに、所属漁協の名前をそのままにしているのは問題はないのか、とわたしは聞いた。

「普通はやらない。登録が抹消されているから、漁船としては使えない。常識的には登録番号を消し、船名は変えなければならない」と係員は答えたが、事件のあとは、問い合わせの電話ばっかりで仕事にならない、と苦い表情になった。

金塊の密輸が増えているのは、一〇年ほど前、一グラム二二〇〇円ほどだったのが、最近は倍の四〇〇〇円以上に高騰しているからだ。正式に輸入すると八％（当時）の消費税を支払わなければならない。売却するときは消費税を上乗せするから、消費税分の利ざやが稼げる。

関根浜の「松橋漁業」の社長幸蔵氏の実弟が、組合長だった幸四郎さんである。彼は使用済み核燃料の中間貯蔵施設建設にたいして、組合長として徹底的に反対、裁判を起こすなどで、亡くなるまで闘っていた。

「竹助はどうして、悪いことに息子まで引っ張ったのか。口のうまい親切な男で、ニコニコ愛嬌《あいきょう》のいいひとだったけどな」

幸四郎さんの妻ゆきえさんの述懐である。彼女の妹の夫が竹助の長兄というから、山崎竹助は松橋家と親戚になる。だから、親戚はみな判子を貸したりして、破産状態になった。原発マネーの夢の跡である。幸四郎さんの家にも、幸蔵が判子を貸してくれ、とやって来たが断った。下北半島では、「嬶《かか》は貸しても判子は貸すな」との言い伝えがある、とか。

「来なかったのはウラン鉱山だけ」といわれる原子力半島、莫大なカネが動いた下北半島で、誇大な夢を見せられた山崎竹助、木下憲一の二人は、原発旋風の犠牲者ともいえる。

亡くなった熊谷あさ子さんは、「海と畑があれば、人間は食っていける」と言い続けていた。彼女は下界で繰り広げられたこのあさましい悲喜劇を、天国から笑って見下ろしているであろう。海や畑をカネに換える原発の手下になった報《むく》いが、犯罪者の汚名だった、と気づくべきだ。（それから何年かたって、福井県高浜町の元助役と関西電力会長・社長などの金品をめぐる大スキャンダルが判明した）

再処理工場廃棄宣言

避難訓練が稼働の条件

そんな工場があるんだ。危険な工場など操業禁止するのが国の仕事のはずだ。かつて公害企業はきびしく摘発された。ところがいまは、危険な工場は承知の助、事故があったらお前たちが避難せよ。それが政府の方針である。本末転倒、危険な工場は運転停止せよ、というべきじゃないか。

それも全国に五〇以上の原発がある。避難訓練は、三〇キロ圏内の住民全員に強制されている。いったん緩急あれば、畑や田んぼ、山林草木、湖沼や海岸は放射能漬けとなり、数万、数十万の住民は家郷を失い、流浪《るろう》の民となる。

国破れて山河あり。戦に敗れても帰るべき故郷はあった。東京電力福島原発、連続爆発事故は、日本列島の一部を完全に破壊した。これほど壊滅的な打撃をうけても、政府はまだ「聖戦」を強要している。

国民の安全と幸福を保証するのが、政府の責務のはずだ。この耐え難き放射線を耐えろ、とする受忍義務を、国民に課して平然としているのは、軍部独裁の軍事国家ではない。選挙があり、基本的人権が憲法によって認められている、只今現在、日本の話である。

この国はかつて、「東洋の真珠」といわれ、首相は自著で「美しい国」と我田引水（最近は言わない）、ところが、実際は放射能まみれ、住民は路頭に迷っている、世にも不思議な国の日常生活である。いつ、どこで原発が爆発するかわからない。事故が起きたらうまく逃げろ。これが政府の方針である。

放射能発生源の社員は、白いビニール製、頭から被る防護服をもっている。が、防護服のない住民にたいして、わずかに与えられるのは、甲状腺がんを防ぐ、とされるヨード剤だけである。不安なのは入院患者だ。点滴のビンを吊《つる》しての長距離逃避行が、多くの患者の死を速めた。が、補償はない。

原発爆発から七年目に入った二〇一七年から、放射線満杯の故郷へ帰れ、補償は打ち切る、とする政策がはじまった。

安倍首相は「原発はコントロール下にある」と真っ赤なウソをつき、多額なカネを支払ってオリンピックを引っ張ってきた。オリンピックを政権維持の手段につかう魂胆だ。しかし、いまなお、内閣府の「原子力非常事態宣言」は発令中のままなのだ。

オリンピック開会式がはじまっても、住民が帰っていなければ、「アンダーコントロール」の強弁は馬脚をあらわす。ウソも方便。ウソの上塗り。オリンピックが終わったあと、白血病やがん患者が大量に発生していたにしても、因果関係は立証できないさ、と高を括《くく》っている。

便秘でも猛然と食べ続ける核依存症

「避難訓練つき再稼働」。この奇想天外、ブラックユーモアの発生源が、「原子力規制委員会」。別名「原子力推進委員会」である。委員長は、「事故が起きないと保証するものではない」と明言して、再稼動を認めた。事故が起きないことはない、このあやふやな二重否定でも、責任者はどこにもいない。事故が起きないことはない、と無規制委員会。

困るのは後始末だ。使い終わった核燃料の捨て場は、日本中、どこを探しても適地はない。フィンランドの「オンカロ」(洞窟)のような、固い岩盤にまもられた洞窟があるわけではない。高レベル核廃棄物は、近づいただけでたちまちにして死亡するほど、強力な放射線を発している。

捨て場がなくとも、なに喰わぬ顔で運転し、核廃棄物をだしつづけている。やがて自分がだした猛毒の排泄物まみれとなって、運転不能に陥るのはいまから予見できる、たしかな未来である。

便秘でありながらも猛然と食べつづける核依存症。出口のない集団自殺行為である。原発は危険な迷惑施設だ。運転中も危険、運転停止後も危険。そして、その危険は永遠につづく。

日本の原子力行政は、「夢の増殖炉・もんじゅ」の破綻によって、幕引きの時代にはいった。その前は原子力船「むつ」の放射線洩れ廃船、福島原発事故一〇基廃炉がそれにつづいている。使用済み核燃料の解決策としての「核燃料サイクル」は、机上の空論、夢幻の計画だった。

核燃料サイクルで、もんじゅの前工程に位置づけられていたのが、六ヶ所村に建設途上の「再処理工場」だった。捨て場のない核廃棄物を原料にして、プルトニウムを取り出してご覧にいれます。その工場から無限に、輪廻《りんね》のように原料が再生産されるのですから、原発原料にこと欠く心配は無用です。

使用済み核燃料から、ウランやプルトニウムを取り出す再処理工場。ここで生産されたプルトニウムを「夢の増殖炉」もんじゅに供給、もんじゅがそれを発電につかう。それをまた再処理。核燃料サイクルは無限につづく、はずだった。ところが、計画発表の一九八四年から、三五年たっても、試運転さえ成功していない。「出発は遂に訪れず」の結末は、目に見えている。ただ発表しないだけだ。

さらには、やはり六ヶ所村に建設途上の「ＭＯＸ工場」で、ウラン・プルトニウム混合酸化物（ＭＯＸ）燃料を製造して、各地の原発に供給する。だから、ウランにふくまれていたプルトニウムを貯めこんで、核兵器に転用することはけっしてありません、と証明するはずだった。が、この工場も未完で終わるのはまちがいない。

原発行政出口なし

業界団体の電事連（電気事業連合会）が一九八四年四月、「核燃料サイクル基地計画」を発表（一九七〇年代初めからあった計画だったが秘密にされていた）。低レベル放射性廃棄物処分場、ウラン濃縮工場につづけて、再処理工場が青森県六ヶ所村で、一九九三年四月に着工された。

完成予定は一九九七年だった。が、着工から四半世紀がすぎても、この再処理工場は沈黙のまま。全長一三〇〇キロ、というパイプの腐蝕はすすんでいる。この間、毎年、「来年には完成する」と言い張り、予算を確保しつづけてきた。当初予算は全サイクル合計で一兆円、といわれていた。が、再処理工場だけで、すでに二兆九〇〇〇億円を費消した。

もしも、これから稼働すると、四〇年間の運営費は一三兆九〇〇〇億円、と見積もられている。といっても、幸いなことに、稼働の見通しはほとんどない。ウラン濃縮工場も出火、給排気ダクトの腐蝕、穴の貫通などが発見されて運転停止。肝腎の再処理工場は、雨漏れ続出のポンコツ状態。それでも「異常なし」と報告されてきた。MOX工場の建設も中断されたままだ。それでも政府は、やめようといわない。

「平成四(一九九二)年の操業開始以降実施していなかったとか、本来見るべきところを見ていなかった等々、びっくりするようなことがたくさんあるわけでございます」

再処理工場や濃縮ウラン工場など、原子力産業のヘソというべき、「核燃料サイクル」を受け持っている日本原燃の「新規制基準適合性」審査中の、「びっくり」コメントである。発言者は、二〇一七年一〇月一一日の規制委員会での、田中知《さとる》委員長代理。続けての発言。

「日本原燃の抱えている問題は、単に原子力規制委員会が所管している炉規法(核原料物質、核燃料物質及び原子炉の規制に関する法律)に基づく安全確保の問題にとどまらず、そもそもとなる事業運営の問題だと考えます。この問題は、組織改変などの表面的な改善では解決できないと考えます。スケジュールありきで進めると、むしろ失敗のおそれも大きいと思う」

これにたいして、工藤健二日本原燃社長は、「最大限の危機感をもってしっかり取り組む」と答えた。が、計画発表から三五年、着工から二六年たって、なお稼働できない工場など、世界の歴史上でも珍事というべきだ。

「適合性審査」は中断、でお茶を濁している。が、もはやいたずらに時間と資金を浪費せず、できないものはできない、とはっきり、中止を宣言するのが真っ当な政治だ。

再処理工場は、たとえ、万が一「完成」したとしても、安全運転などおぼつかない。もんじゅに続けて、いまただちに「再処理工場廃棄宣言」のときだ。いまでさえ、貯蔵プールには、三〇〇〇トンと満杯の使用済み燃料、英国で再処理された高レベル核廃棄物が、ガラス固化体で約二〇〇〇本ある。もう嘘をつくのはやめよう。カネをムダに使っても誰も責任を取らない。青森県下北半島の大間町で、立ち腐れ状態の電源開発「フルMOX大間原発」も廃棄宣言せよ。出口なき原発行政から、いますぐ撤退すべきだ。「日本の原子力政策は嘘だらけでここまでやってきた。結果論も含めて本当に嘘が多い。最大の問題はいまだに核燃料サイクルに拘泥《こうでい》していること」とわたしがこれまで書いてきたこととおなじことを、田中俊一原子力規制委員会前委員長が言うようになった(『選択』二〇一九年一一月号)。

これらの意見は、いまや常識となっている。

シジミ貝たちの見る夢

米軍F16戦闘機の燃料タンク投棄事件

米軍三沢基地(青森県)所属のF16戦闘機が、すぐそばの小川原《おがわら》湖に燃料タンクを二個投棄した事件は、大きな波紋をよんだ。

米軍機事故といえば「沖縄」、と連想するほどに、沖縄での事故が連続していたが、こんどは本州北端の米軍三沢基地。二〇一八年二月二〇日、米軍戦闘機F16は離陸直後、急上昇中、エンジン部分から出火、燃料タンクを捨てて辛うじて基地に引き返した。

その付近には、シジミ漁の漁船が一〇隻ほど操業していた。漁船の一〇〇メートル先で、一五メートルの水柱が立ち上がった。

「人や船に被害がなかったが、現場の油がひどい。早急になんとかしてほしい。寒シジミ漁のいいところだったのに、冗談じゃない。もうちょっとずれていれば、仲間の船に落ちていたかもしれない」

いきなり立ち上った水柱に驚いて、漁協に第一報を入れた漁師が新聞記者に語った。ところが、基地周辺町内連合会長のコメントは、「今のF16は導入から二〇年がたち、耐用年数がきているのでは。古いのであれば新型機へ変更し、兵士の充分な訓練をおこなってほしい」(『東奥日報』二〇一八年二月二一日)というものだった。

「世界の憲兵」ともいわれる米軍も制度疲労。地元では憐《あわ》れみの対象のようだ。それでも「基地反対」とは言わない、米軍基地依存の体質のあらわれである。

小川原湖は、シジミ漁の真っ盛りだった。せっかくのかき入れ時で打撃が大きく、漁協組合員が採った油まみれのシジミ貝三八五キロが、焼却処分となった。時価五〇万円。被害総額はまだ判明していない。が、対米従属、屈辱的な「日米地位協定」によって、米側が七五%だけ、被害者側の日本が二五%を負担する。

タンクの破片やオイルの撤去作業は海上自衛隊が実施した。米海軍のダイバーは、二週間たっても姿を見せていない。二〇〇四年八月、沖縄県宜野湾《ぎのわん》市の沖縄国際大学での墜落事故では、構内に学長をも入れない厳戒体制で米軍が機体を回収、二〇一六年一二月、名護《なご》市海岸に墜落したオスプレイも、やはり、日本の警察も消防もちかづけない厳戒態勢のなかで、海兵隊が機体をそっくり回収して去っていった。

外部装置の燃料タンクには、秘密部分がないためか、回収作業は自衛隊に下請けさせる。占領時代以来の日米地位協定の現実である。

ステルス戦闘機の大量買い

三沢米軍基地には、Ｆ16戦闘機が四四機、ほかにも哨戒《しょうかい》機や輸送機が配備され、北朝鮮、中国をにらんだ離着陸訓練が、さかんにおこなわれている。このほかに航空自衛隊のＦ２戦闘機が配備され、これもさかんに中国機へのスクランブル（緊急発進）をかけている。

次期主力戦闘機である、最新鋭ステルスＦ35Ａ、最初の一機が米ロッキード・マーチン社から到着。二〇一八年二月下旬、小野寺五典《いつのり》防衛大臣が出席して、三沢基地で配備の記念式典がおこなわれた。一機一四〇億円だったが、最終年度で六機総額九四〇億円と、年ごとに価格が上昇する。それを最終的には四二機配備、二個飛行隊体制の予定（最終的には一四〇機購入といわれている）。

防衛省内には、航空自衛隊の主力戦闘機Ｆ15（二〇〇機）の代わりに、Ｆ35Ａを買い増しする案がある。それよりもさらに高価な、垂直離着陸の可能なＦ35Ｂを購入、攻撃型空母に大改造予定の護衛艦「いずも」に、搭載させる。

空母への変造所有は、歴代内閣が厳守してきた、「専守防衛」の歯止めを突破する対外戦略である。さらにＦ35Ａに搭載する、長距離巡航ミサイルの経費を、二〇一八年度予算で二二億円計上している。つまりは集団的自衛権による敵基地攻撃経費が、すでに予算計上されているのだ。

ステルス戦闘機の大量買いは、地上配備型迎撃システム「イージス・アショア」一基八〇〇億円を二基、などとあわせて、トランプ大統領の「バイ・アメリカン」（米国製品を買おう）の強要に迎合した、安倍軍事オタクの破滅的浪費である。

三沢基地は核出撃基地だった

三沢基地所属の戦闘機燃料タンク投棄事件は、沖縄での危険極まりない事故の続発を想起させた。たとえば、沖縄では、二〇一六年一二月の名護市安部《あぶ》沖でのオスプレイ墜落事故、二〇一七年一二月の宜野湾市小学校への輸送ヘリの窓枠落下事件、二〇一八年一月のうるま市、読谷《よみたん》村、渡名喜《となき》島へのヘリの連続不時着事件、二月の伊計《いけい》島へのオスプレイ部品漂着などは、「北の護り」といわれてきた米軍・自衛隊共同の三沢基地でも、何度かの墜落事故や燃料タンク投棄事件を発生させていた歴史を、あらためて知らせることになった。

沖縄での米軍基地の密集はあまりにも異常だ。しかし、三沢の基地も危険な軍事施設であることには変わりはない。沖縄の嘉手納《かでな》基地が核出撃基地であり、伊江島が核爆弾投下訓練場だったことはもはや秘密ではない。とおなじように、三沢基地もまた核出撃基地であり、隣接する天ヶ森《あまがもり》射爆場が、戦術核投下訓練の場だった(鎌田・斉藤光政共著『ルポ　下北核半島』)。

天ヶ森射爆場では、本日只今も爆音激しく、米軍F16攻撃機が急降下して標的を攻撃、急上昇する訓練がおこなわれている。遠く離れた畑にたっていても金属製の音が喧《かまびす》しく、会話などできない状態である。(二〇一九年一一月、訓練中のF16戦闘機が、六ヶ所村の民有地に、一二六キロの摸擬弾を落下させる事故が発生した)

そのもっとも危険な三沢基地に付属する天ヶ森射爆場から、車で一〇分ほど北上した地域にあるのが、六ヶ所村「核燃料サイクル基地」である。

ウラン濃縮工場と未完成の使用済み核燃料再処理工場があり、英仏からの返還プルトニウムや日本の各原発から運びこまれた、約三〇〇〇トンもの使用済み核燃料、原爆何千発分もが、冷却されてある。

だから、あえて再処理して、プルトニウム型核爆弾に加工しなくても、ミサイル攻撃されれば、大惨事になる。すこし離れた天ヶ森射爆場にむけて旋回し、急降下しているF16攻撃機が、核燃料サイクルの施設に墜落しただけでも、福島原発事故どころではない、日本列島の壊滅的な大惨事になる。

国家予算の食いつぶし

六ヶ所村の「核燃料サイクル」は着工からだけでも二六年、それでもまだ未完成、試運転さえ一回も成功していない詐欺的工場。操業開始時期を毎年、「来年には」、「来年には」と弁明しては頭を下げ、ただひたすら国家予算を食いつぶしている。

いま発表している稼働予定は二〇二一年。しかし、これも保証はない。それでも青森県に入る核燃料税は、二〇一八年度で二〇〇億円。一円の収入がなくても、税金を支払ってくれるのは、親方日の丸だからだ。

これまで、二八〇〇億円(運転停止中の東通《ひがしどおり》原発分も一部含む)の税金が、青森県に入った。打出《うちで》の小槌《こづち》である。かつて廃船になった原子力船「むつ」は、「宝船」といわれた。存在させるためにカネをバラ撒いた。「もんじゅ」もまた、無駄な投資だった。

安倍政権が危険極まりない殻潰《ごくつぶ》し、核燃料再処理工場にこだわっているのは、核武装の物質的基盤であり、その「技術的ポテンシャル」を維持しておきたいからだ。核の最終処分場でさえ引き受ける県がない、この国のどこで核実験をするつもりなのか。小川原湖のシジミ貝たちが見る夢は不吉だ。

二〇一九年四月、三沢基地を飛び立った、航空自衛隊の次期主力戦闘機、最新鋭ステルス戦闘機F35Aが、太平洋に突入、消息不明となった。

一機一四〇億円の航空自衛隊F35A機は、三沢基地に一二機配属され、将来一四七機体制にされる。一機あたりの調達費は、米国内よりも四〇億円前後高くつく、といわれている。

原発の跡で

すべての原発が運転を停止したとき、歓声が日本列島を覆うのだろうか。そのとき、七十余年前、敗戦を告げた玉音放送の真昼のように、日本中が晴れ渡っているのだろうか。

そのあと、海岸線を覆い尽くしていた、異形の巨大なコンクリートの建物が、すっかり解体され、広大な更地になるのか。それとも、大量の放射能を内包した不気味な土饅頭の塊が、海岸線に延々と建ち並ぶのだろうか。

ときどき、そんなことに思いをめぐらすのは、それはごく近い将来のイメージだからだ。原発に未来がないのは、すでにはっきりしている。原子力の夢、「核燃料サイクル」は、世界ですべて破綻した。認めないのは日本だけだ。

原発建設がはじまる前、もう五〇年もむかし、わたしは各地の海岸を歩いていた。伊方《いかた》原発が不細工な姿をあらわす前、まだ影も形もないころ、瀬戸内海を見下ろす丘の中腹の集落に、老人たちが暮らしていた。

ボーリング調査がはじまったとき、夜陰に乗じてだれかが機材を壊した。ひとびとは「天狗《てんぐ》の仕業だ」と言い合って感謝していた。刑事たちが、聞き込みに歩きまわっていた。鳥津マサオさんは、小学生がつかうようなノートに、俳句を書きつけていた。

秋の潮寄せては返すけいじさん
秋風に吹かれて寒いけいじさん
秋の空むなしく帰るけいじさん

下北半島東通村に「南通り」と呼ばれる二〇戸ほどの開拓者の集落があった。東通村には東京電力一〇基、東北電力一〇基、あわせて二〇基の原発が立ち並ぶ、巨大な計画があった。軒並み買収がはじまった。ところが、男たちは出稼ぎにでていて、永い不在だった。

一軒の家がまだ残っていた。そこの主婦がしゃがみ込んで、土をいじりながら言った。「男たちは帰ってこない。畑仕事をつづけ、土地をまもっているのは、わたしら女だ」と泣いた。

男たちは根無し草のように、ふらふら暮らしている。が、女たちは土地に根を張って生きているのだ。

「原発にかぶりつきたい」と言った老人が、移転した家の玄関に、ちいさな記念碑を遺していた。「南通部落原発移転記念碑　昭和四十七年十二月十五日」と刻まれている。部落を立ち去った日の記録である。

いま、東通原発は、東北電力の一基だけ建てられたが、フクシマのあと運転はストップ。東京電力の原発は基礎工事だけで、永遠に影も形もあらわさない。

「原発は民主主義の対極にある」。一九七〇年代はじめから、原発建設反対運動を取材してのわたしの結論である。

建設プロセスを貫通していたのは、膨大な汚れたカネと嘘だった。「電源三法交付金」「核燃料税」など、カネをバラ撒く核推進の国策は、地方議会を切り崩し、人心を荒廃させた。

電力会社はカネに糸目をつけず、大量に地域に注ぎこんだ。その経費はすべて電力料金に上乗せした。この「総括原価方式」は、人件費ばかりか、マスコミ対策費、学者・文化人の買収費などのすべてを電力料金に上乗せさせる、非道の悪政だった。

地方では、電力会社はカネを吐き出す「打出の小槌」だった。その一振りで住民を買収籠絡《ろうらく》、原発反対運動を切り崩した。これ見よがしな空疎なハコ物が、ニョキニョキ建てられた。

目に余るようになって、わたしは「経済産業省は、かつての軍部のように、敗色濃厚にしてなお、『聖戦』を唱えている」(『原発列島を行く』二〇〇一年)と書いた。「大事故が発生する前に、日本が原発からの撤退を完了しているかどうか」とも書いている。

「ある日、テレビが金切声をあげる。

『○○原発に重大事故が発生しました。全員退避して下さい』

が、光も、音も、臭いも、なにもない。見えない放射能だけが確実にあなたを襲う」と『ガラスの檻の中で』(一九七七年)に書いた。が、三四年後、福島原発事故。テレビは「ただちに健康には影響しない」、と政府発表を繰り返して放送するだけだった。

かつては、電力会社がカネに糸目をつけずに、地域を買収した。が、いまや時代が変わって、電力会社の幹部たちが、原発立地自治体の助役から、三億もの大金をもらうようになった。原発マネーの逆流である。

福井県高浜町の元助役は、原発関連会社の顧問をつとめ、関西電力からの工事の受け皿となった。そのカネをポンプのように還流させ、関電の幹部から「先生」「先生」とおだてあげられていた。カネを貰ったのは、脅かされたからだ、と会長や社長が弁明した。しかし、世間では、脅かされてカネを支払うことはあるにしても、脅かされてカネを貰うチャンスがあるのは、売り上げ三兆一〇〇〇億円、総資産六兆四〇〇〇億円の電力会社の幹部たちだけだ。

もちろん、会長、社長が、モンスターと喧伝《けんでん》される「助役」に脅かされていたのは、原発稼働にともなう、原発汚染金の分け前をめぐる、「仲間割れ」を防ぐためだ。

この一件、暴露されると、会長は月額報酬の二割を二カ月、社長は一カ月分を返上して、チャラにしようとした。それですむと思っていたわけではないだろうが、腐りきっている。

一〇〇万円の札束、一着五〇万円のスーツ仕立券、商品券。大判、小判の金貨、金杯などがざっくざっく。まるでよりどりみどり、乱獲奨励「高浜金山」のような、荒廃した光景になっていた。自民・公明連立政権の原発優遇社会が、人間の気品、矜持《きょうじ》の精神、自省、羞恥のこころを奪ってしまった。原発は、もっとも危険なモンスター、その証明である。

日本海の荒海に面した、柏崎市と刈羽《かりわ》村にまたがる長い砂丘の中に、「どんどん」と呼ばれる場所があった。「アリ地獄」にもたとえられていた。若者や主婦たちが、朝夕、原発建設反対に駈けまわっていた。海に面した砂浜の道を、長いデモの隊列が通って行った。わたしはこう書いた。

「原発と周辺自治体は、このアリ地獄にのめりこんでいるように思えてしかたがない」

「中止がアリ地獄から脱出する最良の道である」

いま、「原発社会日本」はアリ地獄に落ちこんでいる。それは事故のことばかりではない。日本の経済と未来の社会のことでもある。

原発がなくなったとき、抵抗しつづけた女たちが想い起こされることになろう。男ははした金とけちな出世に弱い。原発はそれを振り撒いて男たちを籠絡したのだ。

原発の「栄耀」など一炊の夢でしかなかった。目を覚ましてみれば、わたしたちの弧状列島は、膨大な放射性廃棄物に取り囲まれてしまった。

Ⅳ

死刑大国の好戦内閣

死刑大国と戦争願望

朝、死刑執行の記事を読んだとき、死刑囚を奈落の底に落下させるボタンを押した刑務官たち(ボタンは複数で、だれのボタンが直接的に作用したのかわからないと言われている)は、その日の夕刻、どんな思いで家路をたどったのだろうか、と思う。

むかし、ある大手の銀行員と話していたとき、仕事を終えてわが家に帰る前、ビールを一杯飲んで、タブロイド夕刊紙を買い、電車のなかでフロントページから順番にページをめくって、自宅のある駅に着くまでに、気分を変えるといった。

ここには政治批判からセックス情報まで、ウップンを晴らせる記事が揃えられてある。まるで儀式のような営為なのだが、銀行業務はべつにひとを殺すわけではない。彼の屈託はどこからくるのかはわからないが、会社(社会)から家庭へ帰還するまでのささやかなへンシーンのおまじないなのだ。

仕事とはいえ、ひとのいのちに手をかけたあと、刑務官は国から特別に支給された金一封を、そのまま家にもって帰って妻に渡すことはせず、居酒屋に紛れて、つくねんと酒を飲むのだろうか、などと考えたりするのは、感傷にすぎない。

山下貴司法相は二〇一九年七月三一日、再審請求中の死刑囚・庄子幸一（東京拘置所）と鈴木泰徳死刑囚（福岡拘置所）の執行命令書に署名。八月二日、二人はほぼ同時刻に処刑された。山下法相は二度、四人目の執行である。

しかし、安倍内閣としては、第一次で二三人、第二次以降で三八人、合計六一人の処刑である。ちなみに、以下は安倍内閣の法相名と処刑者数である。

安倍第一次内閣　長勢《ながせ》甚遠《じんえん》＝一〇人。鳩山邦夫＝一三人。

安倍第二次内閣以降　谷垣禎一＝一一人、上川陽子＝一六人。岩城光英＝四人、金田勝年＝三人、山下貴司＝四人。

一年ほどの麻生太郎内閣での、森英介大臣の九人を加えると、安倍・麻生内閣で七〇人、というおどろくべき数字になる。

このほかに、処刑を待つだけの確定死刑囚は、いま一一〇人もいる。安倍・麻生。この二人が政権を支配しつづけている間、死刑囚たちは、毎日、刑務官の足音に、恐怖の朝を迎えているであろう。

死刑を執行する刑務官は、世間に顔をだすことはない。が、法務大臣は、山下大臣をはじめ、堂々と記者会見をする。麻原彰晃など、オウム真理教幹部一三人の大量処刑前夜、永田町・議員会館内の通称「赤坂自民亭」で、安倍首相主催、自民党議員たちの大宴会があった。

首相とならんだ宴席正面で、右手を上げ「グー」を示している上川陽子大臣の屈託のない笑い顔が、マスコミに流布されて、ひとびとの度肝を抜いた。

上川大臣は明治末期の血の凍る大逆事件（桂内閣のデッチ上げ事件だったが）の処刑者一二人よりも、さらにひとり多いオウム真理教一三人を一挙に絞首台へ送った。その死刑執行書にサインした直後に、安倍首相の傍らに侍《はべ》って酒盛りする、その無神経ぶりが世人を驚かせた。宴会につづく大量処刑。歴史に残る蛮行である。死刑の論理は、悪い奴は殺せ、である。あるいは目には目を！

死刑制度は国家の治安制度である。が、さすがに人殺しは民主制度とは対立する概念である。すでに国連加盟一九三カ国中、一二一カ国が死刑執行停止決議に賛成。この決議に反対は三五カ国だけである。死刑制度存置国で処刑数が多いのは、イラン、イラク、サウジアラビアなどイスラムの国、アジアでは中国、ベトナムなどだが、「民主国家」を標榜しているはずの日本が、この前世紀的な蛮行を公然と続行しているのは、恥ずかしい。

さすがの米国でも、半分の州は中止している。ロシアも死刑廃止が加盟の条件としているEUと境を接しているためもあってか、死刑中止。近年まで、政治犯を処刑していた韓国も、民主化闘争のあと、中止である。

死刑制度は、国家公認の殺人である。犯罪者を回収不能の「社会の余計者」として排除する制度である。重度障がい者を犯罪者のようにみたて、一九人を「処刑」、二六人に重軽傷を負わせた「相模原障がい者施設殺傷事件」の容疑者の意識は、国家から承認されていない私設死刑執行人だった。彼はあたかも国家のように、人間の生殺与奪の権限が自分にある、と考えて大量殺人を実行したようだ。

死刑確定囚の生存を、不経済と考えて死刑執行を早めるのがアベノミクスかもしれない。大量処刑政権には、相模原事件の容疑者を否定する論理がない。その両方が人間の命に思いが至っていない。人間は経済的な動物ではない。生産性が低いとして障がい者を差別できるのか。罪を犯した人間の人間性を否定できるのか。人間を殺していい人間と殺してはいけない人間とに、誰が峻別できるのか。誰がその権限をもつことができるのか。その問いかけは極めて人道的な問いかけである。

国家から任命された裁判官が、国家の権力を笠に着て、人間の生きる権利を決定できるのか。人権無視の処刑は、戦争の論理でもある。邪魔者は敵だ。敵は殺せ。

武装は戦争の抑止力。死刑は犯罪の抑止力。平和の「抑止力」は、軍備を拡張して戦争を招く。矛盾である。軍備の拡大は警察権力を強化し、強権弾圧と冤罪《えんざい》を招く。

犯罪抑止力としての死刑制度は、むしろ凶暴な犯罪を招く。自殺願望の人間が、死刑に「相当する」犯罪を強行、国家に処刑されようとする。奇妙な依存だ。

平和宣言の前文と九条をもつ日本国憲法の精神は、ひとを殺さない。すべてを話し合いで解決する、戦争否定の誓いであり、矜持《きょうじ》であり、生き方である。安倍内閣が歴代最多の死刑執行内閣であることが、この内閣特有の、戦争を否定しない論理と共通している。

無実の死刑囚・袴田巖

「袴田《はかまだ》は、捜査機関によりねつ造された疑いのある重要な証拠によって有罪とされ、極めて長期間死刑の恐怖の下で身柄を拘束されてきた。無罪の蓋然《がいぜん》性が相当程度あることが明らかになった現在、これ以上、袴田に対する拘置を続けるのは耐え難いほど正義に反する状況にある」

二〇一四年三月二七日、再審を訴えていた確定死刑囚・袴田巖《いわお》さんにたいする、静岡地裁（村山浩昭裁判長）の「決定」である。

主文は、「再審を開始する」。行を変えて「死刑及び拘置の執行を停止する」とある。しかし、だれも、決定に謳《うた》われた「正義」が、法廷のドアのむこうで待っている、とは想像できなかった。

午後になって、姉の秀子さんは、葛飾区の東京拘置所に面会に行った。月に一回、弟に面会するため、浜松（静岡県）から通い慣れた道だ。最近は「姉などいない」と拒絶されることが多くなっている。それでも、秀子さんは「姉は見捨てていないんだ」ということが伝われば、と無駄足の悲しさを自分で慰めていた。

拘置所に着くと応接室に通された。段ボール箱が一一箱も積まれてあった。職員が「本人をお連れします」といって引っ込んだ。と、まもなく、巖さんがひょこひょこ入って来た。手錠はなかった。「釈放された」と巖さんが言った。同行していた弁護士は、ポカンとしていた。

静岡地方検察庁が、東京拘置所にだした「釈放指揮書」には、「直ちに釈放されたい」とあり、「釈放事由」に「死刑による拘置の執行停止決定」とあったのだ。

一九八〇年代に、免田《めんだ》事件、財田川《さいたがわ》事件、松山事件、島田事件と、四人の確定死刑囚の再審開始がつづいた。それでも、釈放されたのはその数年後、やり直し裁判で無罪判決が確定されてからだった。だから、再審開始決定と同時に釈放されるなど、だれも思ってもみなかった。袴田さんの「拘禁反応」が激しくなっていたことも、勘案されたのかもしれない。面会にきた実姉を認識できないほど、精神的ダメージは酷くなっていた。

それにしても、即時釈放とは裁判官の大英断だった。一九六六年の誤認逮捕から、四八年たって、ようやく正義が姿をあらわした。

狭山事件の集会で発言

はじめて袴田巖さんにお会いしたのは（正確にいえばおなじ場所に座ったのは）、釈放されて二カ月たった二〇一四年五月下旬だった。わたしがかかわっている、「冤罪・狭山《さやま》事件」発生から五一年の、再審をもとめる集会が、東京・日比谷野外音楽堂でひらかれたときである。

集会前、日比谷図書館地下の会議室で、狭山事件の石川一雄さん、足利《あしかが》事件の菅家《すがや》利和さん、布川《ふかわ》事件の桜井昌司さん・杉山卓男さんなど、東京拘置所での「獄友」たちとの記者会見がひらかれた。秀子さんが付き添ってきた。彼女は狭山事件の集会にいつも参加され、発言していただいている。だから、面会に行っても会えないで帰る、との話は知っていた。

はじめてみた袴田さんは首を前かがみにさせ、まわりに目をやることなく、ひとり超然として、リングを突進していくような構えだった。石川一雄さんから、拘置所の運動場で遇ったとき、コンクリートの壁にむかって激しいシャドー・ボクシングをしていた、と声を落としていうのを聞いていた。

彼はバンタム級チャンピオンを目指していたが、挫折。故郷の浜松市に帰る途中にある、清水市（現・静岡市）の味噌工場で働いていた。そこで一家四人殺しの冤罪に巻き込まれた。

日比谷野外音楽堂の舞台のうえ、およそ三〇〇〇人の集会参加者の前に、袴田さんは秀子さんとならんで立った。袴田さんは物怖じすることもなく、話しつづけた。が、演壇に座っていたわたしには、「松尾芭蕉を学べ」というような文言が、ようやく聞き取れただけだった。

それから五カ月たった一〇月末、また日比谷野外音楽堂で、狭山事件の集会がひらかれた。東京高裁寺尾裁判長による、不当判決から四〇周年目の集会だった。四〇年前、石川一雄さんは一審の死刑判決から、無期懲役に減刑されたのだが、弁護団や支援者はそれまでの審理の進行状態から、無罪判決を確信していた。それを裏切られた抗議集会が、四〇年にわたってつづけられている。

袴田さんの長いモノローグは、相変わらずだった。演壇に並んで立っている秀子さんは、子どもを見つめるような、優しい表情で弟を見守りながら、言うにまかせている。

「この巖の姿を、そのまま見てほしい」というのが彼女の願いである。それは身内の恥ではない。「身体は解放されたけど、こころは獄中のまま」。不当な拘禁によって、このような状態にされてしまった弟を、そのまま認めてください、という姉の愛情の表現なのだ。あるいはリハビリのため、という思いもあるかもしれない。

袴田さんが逮捕された二年後に、母親のともさんが亡くなり、翌年、父親の庄市さんが亡くなった。姉弟で生き残っているのは、三人姉妹と三男の巖さんだけである。

死刑確定後に変調

袴田さんが、宇宙や神と交信できるようになったのは、一九八〇年一二月、最高裁が死刑を確定してからだ。ちかくの房にいた確定死刑囚が、看守によって外に連れだされ、それっきり、帰ってこなかった。秀子さんにそう言ったあと、しだいにおかしくなった。

死刑が確定された者は、六カ月以内に法相から執行が命じられる(刑事訴訟法四七五条)。いつ絞首台へ連行されるか判らない。朝、いきなり処刑される。その恐怖はわたしたちの想像に余りある。やっていません、と声の限りに叫んでも、かならず殺害される。どこへも逃げることのできない囚われ人である。ムンクの「叫び」のように、救いのない世界だ。とすると、その世界から精神的に解離するか、だれにも負けることのない、現世を超越した、絶対的な権力者になるしかない。

東京拘置所の運動場で、ときにはコンクリートの壁を殴って、袴田さんは拳から血を滴《したた》らせていた、と石川一雄さんが語った。その激烈なシャドー・ボクシングを、わたしは復帰に備えてのトレーニング、と解釈していた。

が、それは孤絶した自分を取り巻き、自分を殺害しようとする世界との、必死の闘争だった、と理解できたのは、「袴田巖さんを救援する清水・静岡市民の会」の山崎俊樹さんに案内されて、浜松市の袴田さんを訪ね、本人と対話してからだ。処刑とむかい合った四八年にもわたる独房生活から、仮釈放とはいえ、一転して社会生活を送ることになった袴田さんは、まず東京郊外の精神病院に入院した。

そのあと、懐かしい水道橋・後楽園ホールのリングに立った。支援してきたWBC(世界ボクシング評議会)から、「名誉チャンピオン」のベルトを授与され、浜松の秀子さん宅に身を落ち着けた。

「三日間でもいい。出所させ畳の上で死なせたい」との想いで、秀子さんは弟の救援運動に駆けまわってきた。再審請求の途上で、思いがけなくも仮釈放が実現した。ひさしぶりにお会いした秀子さんは、屈託のない笑顔を見せるようになっていた。

「世界で一番正しい者」

マンション三階。部屋の隅に陣取って、袴田さんはテレビ前の、ちいさな椅子に座っていた。テレビからは、延々と皇居の歌会始らしい、和歌の朗詠が流れている。袴田さんは鷹揚《おうよう》に右手で団扇《うちわ》を使いながら、所在なさげに、眺めるともなく眺めている。

東京拘置所で国家に幽閉され、処刑を免れて生き残るには、国家にたいしても絶対不敗の神、大王、大天狗などへの変身しかなかった。

「自分は世界で一番強い者として認められた。世界で一番すぐれたものとして認められた。世界で一番正しい者として認められた」。釈放されたあと、袴田さんは支援者の寺澤暢紘さんに語った、という。「釈放は自分のちからで成し遂げた、と思いこんでいるようです」。寺澤さんの見たてである。

わたしは、拝謁《はいえつ》を許された遠国からの使者のように、身を低くしてむかい合った。大王ならぬ袴田さんは、両足を前に突きだして団扇を使いながら、視線を投げてきた。

——ボクシング。いまでも懐かしいですか。

「もう終わったことだ。記憶は、みな消されている。国家の有り金を全部賭けて、三〇〇勝、KO勝ちだ。日銀が貸し付けているんだ。すべての権力をひっくり返して、取ってしまった。もう世界の神にたいして期待はないんだ。袴田はボクシングやっても、しょうがないんだ。時代は終わってしまった。相手がいないんだ」

明るい口調で、話し好きの軽妙さがある。答えるときはこちらに視線をあわせない。遠くを見ている表情だ。

——テレビは、どんなのを見られますか。

「テレビは好きでない。キリがないからだ」

——どんな夢を見ますか。

「夢は見ない、権力者は。百姓一揆と一緒になってはいけない。国民と一緒ではだめだ。世界が平和であれば困らない。人類が生きるのに不幸であっては、いけないんだ。バイ菌が飛んでくる。はやく、ハワイに逃げなくてはいけない。ハワイに帰れば、生きられるんだ」

ハワイが故郷だと思いこんでいる、とは聞いていた。

――ハワイは暖かいからいいですね。でも、秀子さんは面会で苦労されましたね。

「監獄制度の問題ではない。監獄にはいっていたというのは、嘘なんだ。監獄にははいっていなかった。世界一の男になれるかどうか、という問題なのだ」

――病院で直径一・五センチもある石(結石)がでてきましたね。

「あんなもの嘘なんだ。入院も嘘、あんなでっかいのは嘘なんだ。あんなのあったら死んじゃうよ」

わたしは、集会で発言していた、松尾芭蕉について聞いてみた。

「松尾芭蕉は二代目が問題だ。革命が必要なんだ。国民がひどいことになっている。二代目が世界を運営している。これが一種のカラクリだ。それが今日まできている」

それでも、支援者の集会に参加したりすれば、「未開示証拠」とか、「冤罪」などの言葉を発したりする。あとは薄紙が剝がれるように、記憶が回復するのを待つだけのようだ。

――これからの裁判はどうなりますか。

袴田さんは「うっ」とうなった。

「困ることはない。勝った人間だから。これから、裁判を生きようと思う」

――旅行したいところ、ありますか。

「行きたいところはいっぱいある。大阪、京都。沖縄も行きたい」
――沖縄、暖かいからいいですね。京都はちかいですからね。行ったことありますか。
「忘れちゃってるからね。行ったとしても、覚えていないんだ」
「袴田」とは言うが、自分とか俺とか私などの一人称の主語がない。勝利、権力、革命などの言葉が多い。マイナスの言葉で多いのは、嘘、バイ菌、クソなど。

無駄な抵抗する東京高検

目を見合わせることはない。それでも、出所した直後、集会場で会った時の、空間に漂っている、とりとめのない感じではない。会話も少しずつ成立するようになった。

秀子さんが無実を信じていたのは、事件のあった直後に、事件のことを報告する彼の電話の口調と、休みになって家に帰ってきたとき、近所のひとと家の前で立ち話をしていた様子からだ。四人も殺した、という感じはどこにもなかった。その日の明るい記憶は鮮明に残っている。肉親の直感である。

両親も兄たちも亡くなって、独り暮らしの秀子さんは、一時、酒に溺《おぼ》れていたこともあった。が、ふと気がついた。「これじゃ、巖を助けられない」。それ以来、一滴も飲んでいない。

「皆様と会えなくなって半年、お変わりありませんか。私も元気でおります。私のことで親類縁者にまで心配かけてすみません。こがね味噌の事件には真実関係ありません。

私は白です。私は今落ち着いて裁判をまっております。私は暖かい部屋にはいっていますので、現在なんの不満もありません。弁護人から聞いたと思いますが。

面会ができるようになったので、会いたいと思います。お袋も姉も大変だと思います。◯(子どもの名)のことお願いします。体に気をつけて。さようなら」

実家にきた、巌さんの手紙である。このときは誤字だらけで、書くのが精一杯だった。やがてペン習字を練習して、細やかな筆跡になった。が、拘禁性の症状が重くなって、また乱れた字になった。

出所してから、日記をつけはじめた。「一一月一二日、水曜日、藤原さんと、散歩した。パンを三個買って来た」と真っ当なものから、「一一月二六日、これから東京長型町国会議事堂に行く。全世界の支円を貫く為め出有る」。「頂点に輝やく世界の喜びと成った」との楽しいフレーズもある。

入院していた、多摩あおば病院の中島直医師は、こう言う。

「拘禁反応で、死刑囚を拒否して、ご自身の名前まで認めなかった。いまは名前を書いてくれるようになった。これだけ死刑囚として長く拘禁されていたのは日本だけだ。処刑された人におなじ症状の人はいたかもしれない。が、法務省は発表しないので判らない。普通の暮らしを普通にやれば、少しずつ回復するかもしれない。が、緊張すると、またトンチンカンになるかもしれません」

秀子さんは、「多少はよくなっています。一日もはやく拘禁症が治ること、無罪放免になるのを、毎日願っています」。

即時抗告中の東京高検は、「なかった」と主張していた「証拠」を、最近になって、「あった」と持ちだした。無駄な抵抗だ。検察官には「人間愛」と「正義感」はないのか。

三鷹事件　再審請求棄却判決の誤謬

電車暴走事件発生から七〇年。米軍占領下の闇のひとつ、「三鷹《みたか》事件」の死後再審請求に、東京高裁がどう応えるのか。「確定死刑囚」のまま獄死した、無念の竹内景助の長男・竹内健一郎さんは、その決定がだされるのを、毎日、待ち望んでいた。

竹内さんにも弁護団にも「再審開始決定」がだされる期待が強かった。わたしもひそかに九〇％以上の確率、と信じていた。弁護団がだした新証拠は、一人では不可能な犯罪、を証明していたからだ。が、結局、第二次再審請求から九年目、二〇一九年七月末にだされた決定は、「本件再審請求を棄却する」の冷たい一行だった。わたしはその前に、こう書いている。

「三鷹事件のような、歴史の闇に閉ざされた冤罪を解決することこそが、司法が信頼を得るもっとも確かな道であろう」（『サンデー毎日』五月二六日号）

「再審請求裁判では目撃証言はデッチ上げ、列車の暴走は単独犯では無理と証明された。裁判官を信じられる決定を期待している」（『東京新聞』本音のコラム「七〇年前の共謀罪」七月三〇日）

しかし、七月三一日の東京高裁決定は、いままでの判断の誤りを踏襲した、一方的な判断だった。

「真犯人の存在等を指摘する主張を含めて弁護人が提出した証拠を検討しても、それらが確定判決等の事実認定に疑いを抱かせるものとは認められない」。だから「再審事由があるとはいえない」。木で鼻を括《くく》るような決定理由である。

占領軍の謀略か

中央線三鷹駅(東京都三鷹市)構内から街頭に飛び出した無人電車が、駅前交番や民家に激突、六人の死者と十数人の負傷者をだした。これが、一九四九年七月一五日に発生した「三鷹事件」である。容疑者として九人の共産党員と一人の非党員が逮捕、起訴された(のちに二人偽証罪で起訴)。竹内景助はたった一人の非党員だった。

この事件は、旧国鉄が計画していた一〇万人の人員整理(解雇)と官公庁・地方自治体などの職員一七万人整理の渦中で発生していた。事件の九日まえには、下山定則国鉄総裁が線路上の轢死体《れきしたい》で発見され、一カ月後には東北本線で貨物列車転覆の松川事件(死者三人、福島県)が発生している。

三鷹事件発生直後、「不安をあおる共産党　虚偽とテロが戦法　整理は国家再建のため」とする、吉田茂首相の談話が本人の写真つきで『朝日新聞』の一面中央に八段抜きで掲載された(七月一七日)。中国では毛沢東の軍隊が蔣介石軍を追いつめ、マッカーサーの米占領軍は日本を「反共の防波堤」にしようとしていた。人員整理という名の空前の大量解雇は、レッドパージ(赤狩り)もふくんでいた。吉田首相の談話は、事件は人員整理に反対する共産党のテロ、ときめつける暴言だった。「三鷹駅で大事件が発生する」との予告があった、とする証言も多い。『読売新聞』は七月一二日、「無人運転台のトリック」として、暴走電車のハンドルに紐が巻きつけられ、無人運転を実行した写真を掲載した。

この写真は「事件の直後にＧＨＱ（連合国軍総司令部）から警視庁経由で各新聞社に特配され、掲載を強要された」と、読売新聞労組の増山太助元書記長が主張している（清水豊『三鷹事件を書き遺す』刊行によせて）。「アメリカ諜報機関が作製」した写真をめぐって、会社側は箝口《かんこう》令を敷き、写真の出所を追究していた読売労組は、このあと「社内組合」につくり替えられた、と増山太助が書いている。

事件発生直後、即刻あらわれた米兵が事件現場を取り仕切り、現場検証も米軍がおこなった。

犯行は共産党員か、それともデッチ上げ事件によって共産党を潰したい占領軍の謀略部隊か、と意見がわかれ、対立しているあいだに、日本の反戦、平和運動は分断された。この事件は、下山、松川両事件と並ぶ戦後の未解決の怪事件なのだが、竹内景助ただひとりが、犯人として囲い込まれ、死後も解放されていない。

周囲は無実を理解

「棄却決定を聞かれてどう思われましたか」。埼玉県のある町。長男の健一郎さんのお宅でのインタビュー。ご本人は決定前とくらべても、さほど落ち込んだ表情でなかったのに、ホッとさせられた。

竹内「がっかりというか、悲しいというか、くやしい」

声はくぐもって低く、ときおり咳き込む。肺がん手術のあとなのだ。

竹内「裁判長は何もやってないというからね。証拠調べも何もしない。門前払い、はっきり言えば。国というか、アメリカの情報系がやったんだろうから、さ」

――国鉄三大事件はみな闇の中に消え、三鷹事件の竹内さんだけが、死刑囚にされて獄死した。くやしいですね。

竹内「子どもが五人もいるのに、そんなことを考える親がどこにいますか」

――高見澤昭治弁護士が『無実の死刑囚』を出版したあと、再審請求するように、お宅にやってきました。それで四四年ぶりに死後再審を請求することになったんですね。

竹内「その頃、家内は寝たきりでしゃべれなかった。一回目は玄関先で帰ってもらったんですが、二回目に来られたとき、高見澤さんを、三鷹事件の再審のことで今日来てくれた、と家内に紹介すると、よかったという表情で高見澤さんのこと、じいっと見つめてね、輝いていましたよ、家内の表情がね。自分自身も再審をやってくれる人がようやく現れたんで、感謝しました」

――五人の子どもを抱えて、お母さんは、どんな仕事をされていましたか。

竹内「袋張り。魚屋とか八百屋で使う、魚や野菜を入れる紙袋つくってた、糊付けして。あとはね、いくらだか知らないけど生活保護とか。中学入ってからずっと新聞配達とか、牛乳配達とか、八百屋のリヤカーのあと押しやったり。一日いくと一〇円だった。なにも文句いえねえけど、中学校卒業するまで三年間、ずっと一〇円だった。あとは、映画館の映写技師見習い、大型二種免許とったり、大型特殊免許とったり。大阪とか金沢、岩手、青森とか、北海道、九州とか、長距離輸送」

――犯罪者の子どもだから、と石を投げられたりされませんでしたか。

竹内「お父さんがやる訳ないって、皆わかっていた。だから近所から食べ物の差し入れ、おはぎを作ったから取りにおいでってね。大きなお皿にいくつも載って」

高見澤「普通だったら、国鉄をクビになるでしょ？　そうすると官舎を出なきゃいけないんだけど、死刑判決後でも官舎にいられたわけですよ。ということは、国鉄の人はみんな、竹内さんがそんなことやるはずはないと思っていた」

竹内「お父さんと一緒だったときは畑つくったり、ヤギとウサギ飼ってた、庭もあった、囲いもあったから。ウサギは襟巻き、ヤギはヤギの乳。畑は線路沿いだった」

判決後、弁護団は東京高裁に異議を申し立てた。これから他の部で、証拠の見方がまちがっている、との判断を問う。裁判所が虚心に再審開始を決定しないかぎり、死んでなお魂は拘留されつづける。

妻に「くやしいヨ」

下山事件は、他殺説にたいする反論（自殺説）がだされ、捜査打ち切りで迷宮いり（自殺説を裏づける遺書はない）。松川事件は、一審では死刑判決五人、無期懲役五人をふくめ、被告二〇人が全員有罪だった。が、最高裁の差し戻し審で検事側が隠蔽していた「アリバイ証明」が発見され、被告全員が無罪となった。この国鉄三大事件で、竹内景助だけが三鷹事件の犯人とされ、確定死刑囚となった。

竹内景助は獄中で、脳腫瘍に冒されていた。が、なんの手当も受けることなく、真っ黒い畳の敷かれた、独房のような小部屋に寝かされていた。そばに雑役囚がひとりポツンと座っているだけだった。「くやしいヨ！」と病舎に駆けつけた妻の政に言った。それが最後の言葉だった。四五歳、獄死の最後の様子を政が書いている。

「もうすべてが手おくれでした。その夜、十時四十五分、夫は自己呼吸を止めてしまいました。そして、一月十八日午前八時十分、心臓の鼓動が止まるまで、五日間酸素吸入だけで生きつづけました」(『新評』一九六七年四月号)

「死にきれなかった夫」とするタイトルの妻の原稿は、わたしが同編集部にいて掲載した。まだ四五歳、幼い子どもたちとともに、生き抜きたかったであろう。手記の悲しさは、五二年前のまま凍りついたようにつづいている。まだ八歳の長女を筆頭に、六歳の長男健一郎、四歳の二女、二歳の二男、〇歳の三男、この五人を育てた妻の苦闘は、想像にあまりある。

「風呂に行っているとき、電灯がついたり消えたりしたこと、風呂から帰って事故の話、石井さんが駅の方へ見に行ったということを話したこと、首切り後、消防庁外事課に採用されることが決まっていたこと、など話して下さい。風呂へ行く前は家にいて、『時代松』という本や、新聞を読んでいたのだ。それは検事の最初の調べに書いてある。二四・八・三(日)ムサシノ(武蔵野)署で、田中検事に無罪のことを言っているから、それが正しい」

妻の手記「死にきれなかった夫」に引用されている、夫の手紙である。

自宅で横になって本を読んでいるとチカチカ停電があった。

「本も読めやしない。風呂でもあびてくるかと風呂へ行った」

これは妻の重要なアリバイ証言だった。が、無視された。

「家の苦しい生活を考えると、実に慟哭《どうこく》せずにおられない。わかれわかれでは、何よりも不幸だと思う。苦しさ、辛さを訴える処がないというのは、人間にとって何より不幸だね。家にいれば、どんなに貧しくとも、みんな笑って元気でいられたのに……」

家族思いの心根がよく伝わってくる。クビを切られたといっても、アイスキャンデー売りをはじめていたし、消防庁への再就職の夢もあった（逮捕の二日後、採用通知）。自暴自棄になって犯罪をおかす理由は、まったくなかった。

一九五〇年八月、東京地裁の鈴木忠五裁判長は、「共同謀議、共同正犯」とする検事側の主張は「空中楼閣」だとして、九人の共産党員を無罪にした。しかし、竹内ひとりが、なぜか自供を維持していて、無期懲役とされた。

やっていないと否認しながら、共同謀議に加わっていた、と自供し、いや単独犯だ、やっていない、と竹内の供述は七回も変遷した。共同謀議に加わっていれば死刑にされる、との恐怖心から「単独犯」を主張したり、ひとりで罪を被ろうとする「義侠心」を示したり、警察官に責めたてられ、竹内は混乱していた。取り調べの過酷さに、容疑者が追随、迎合するのは冤罪の常である。弁護人も死刑判決を防ぐために、と言って「自供」を勧めていた。

無実証明する新証拠

二〇一九年七月三一日の東京高裁決定を聞いて、咄嗟《とっさ》に思い浮かんだのは、一九五九年三月、「伊達《だ》判決《て》」をめぐる最高裁の画策だった。東京地裁での、伊達秋雄裁判長の判決が、砂川基地拡張反対運動で逮捕された被告を無罪にしたのは、米軍の日本駐留は憲法九条違反としたからだった。

いまではよく知られるようになった事実だが、この伊達判決をめぐって、田中耕太郎最高裁長官が、マッカーサー駐日大使やレンハート首席公使等となんども密談していた。田中は高裁をとばして最高裁への政府の「跳躍上告」を受け入れ、伊達判決を「年内に一五人の裁判官全員一致で覆す」と約束していた。司法の、尊厳を無視した、露骨な対米従属判決だった。

三鷹事件裁判の異常さは、一審で「空中楼閣」と言いつつ、竹内ひとりを有罪、無期懲役にし、高裁で事実調べもないまま、死刑にしたことである。「三鷹事件のような重要で、しかも事実認定が困難な事件の場合は、一審判決を破棄するのであれば、慎重を期するために当然に原審の東京地方裁判所に差戻し、審理をやり直すべきであった」(高見澤昭治『無実の死刑囚』)。

高見澤弁護士は、高裁が無期から死刑に変更したことについて、「何が何でも竹内に対して一刻も早く死刑を宣告したい、という強い処罰感情が存在したか、ないしはそうしなければならない何らかの事情があったとしか考えられない」とも書いている。

最高裁では、一五人の裁判官のうち八対七で上告棄却、一票差で死刑が確定した。その裁判長が、田中耕太郎だった。田中は松川事件でも有罪意見の超タカ派だった。もしも、高裁、最高裁が死刑ではなく、無期懲役であったなら、とも思う。当時は重大事件でも仮釈放があったから、竹内景助は獄死などすることなく、再審裁判を闘うことができたはずだ。が、日本の裁判官は、戦前とおなじように、体制の秩序優先、庶民ひとりひとりの人命、人権への思いがまったくたりない。

「竹内にたいして死刑を科した東京高裁の判決はまったく不当な判決なので、当然最高裁はこれを取り消して事件を高裁に差し戻すにちがいない、と信じきっていたので、この冷酷無比な最高裁の判決は、自分には大きなショックであった。いままで最高裁にたいして抱いていた信頼の念が、これによって一挙に消えうせてしまったばかりでなく、同時に裁判官の仕事にたいして感じていた魅力も半減してしまった」

裁判不信の感情を明らかにしているのは、ほかならぬ一審裁判長だった鈴木忠五である(『一裁判官の追想』)。そう言うなら、彼自身、竹内景助の七回におよぶ、自供変遷の裏にあった、取り調べの過酷さによって受けた、深い苦渋を読みとってほしかった。

竹内の東京高裁への再審申し立ては、死刑確定から一カ月後の一九五五年七月だった。それから一〇年たった一九六六年七月、再審請求四人目の裁判長となった樋口勝裁判長は、竹内の妻政にも面会して、再審のための予備調査をはじめると伝えた。事件以来、一八年目の朗報だった。

一九六六年一〇月、樋口裁判長は弁護団にたいして、「記録は調べ終わったので、検察側との双方からの意見を聞き、竹内にも直接会って結論をだしたい」と伝えてきた。

ところが検察側は「二カ月猶予がほしい」と手続きを延ばした。このころから、竹内の記憶障害が出はじめ、日増しに症状が悪化していた。拘置所側は「詐病」として、適切な治療を施さなかった。

翌一九六七年一月、竹内景助は脳腫瘍で獄死した。請求人死亡で再審請求は「終了した」。が、その決定文に次のように書かれてあった。「しかし、本件は、実質上、これで終止符が打たれたものではない。今後他の請求権者の同一理由による新たな再審の請求を妨げるものではないことはもちろん、そのような請求があった場合に、死亡した再審請求人竹内景助および同人の弁護人らの作成提出した幾多の書類は、当然、裁判所のする取調べのための資料となることは言うまでもない」。

裁判官の良心の声だった。残念ながら、それから四四年の歳月が空費され、ようやく、死後再審がはじまった。わたしはこの文言を読んで、ここを出発点にすれば、再審開始決定になる、と信じた。が、また棄却だった(二〇一九年七月三一日、東京高裁)。鈴木忠五元裁判長の言葉をかりれば「冷酷無比」な決定である。

竹内は事件当夜、自宅にいた。電車が激突して、チカチカと電灯が消えた時は、本を読んでいた。そのあと官舎の風呂に行った。というアリバイ証言がある。「竹内を見た」との「目撃証言」は、虚言だった。針金で運転台のハンドルを動かし、紐でハンドルを固定したなどのウソの自供への誘導、二両の車両の前照灯がつき、パンタグラフが二つ上がっていたなど、新証拠が出そろっていた。それらをまったく無視した棄却決定だった。

米国と対等な関係にならなければ、占領下の事件は解明されないのか。暗然とする思いである。それでも、歴史の闇を閉ざしたままではすまされない。

永山則夫　未完の連続射殺事件

一〇月一一日、東京・港区、東京プリンスホテル敷地内で、ガードマンを射殺。
一〇月一四日、京都・東山区、八坂神社境内で、警備員を射殺。
一〇月二六日、北海道・函館にちかい七飯《ななえ》町で、タクシー運転手を射殺。
一一月五日、名古屋市港区の路上で、タクシー運転手を射殺。

いまから五〇年前。一九六八年一〇月から一一月にかけて、わずか一カ月の間に、北海道から京都にかけて、連続して路上で四人が射殺された。それも拳銃による無差別殺人。犯人は「連続射殺魔」と騒がれたが、日本中の恐怖が凍りついたまま、その年は暮れた。

五カ月たった一九六九年四月七日。午前一時すぎ、東京・千駄ヶ谷のビジネススクール事務所に男が侵入。ガードマンが発見したが、逃走。警視庁管内に緊急配備が発令された。午前五時ごろになって、緊急パトロール中の代々木署員が、不審な若い男を発見。マラソン練習中というのを職務質問、拳銃不法所持で現行犯逮捕。男は永山則夫。一九歳だった。

永山則夫の出生から逮捕まで、一九年間の生育史は、悲しみに彩られていた。逮捕から一九九七年八月の処刑まで、獄中二八年の間に、日本はバブル経済に酔い、その後、長い不況となった。処刑の日から二〇年以上たったいまなお、永山の叫びは、記憶の闇のなかで、反響し続けている。

連続殺人事件から五〇年たった一〇月末(二〇一八年)。わたしはJR五能《ごのう》線板柳《いたやなぎ》駅(青森県)に降り立った。駅から歩いて三、四分、線路沿いの小道をたどり、記憶をまさぐって、永山則夫が住んでいた棟割り長屋の前に立った。といっても、いまはガランとした駐車場になっていて、当時の面影はまったくない。

五〇年前、わたしはフリーライターになったばかりだった。事件直後、永山が「金の卵」として集団就職列車で上京するまで、母親たちと暮らしていた長屋を訪問した。わたしは、自分の生家のすぐ隣町から、このような大胆な犯罪者がでたことに、強い衝撃を受けていた。

駅にちかいこともあり、崩れかけた飲み屋街だった。板壁の背の低い木造二階建て、両側ばかりか、壁の裏側にも他人の部屋があるハーモニカ長屋。永山の部屋は共同便所の隣。半間幅のガラス戸を引くと、二畳ほどの土間と台所、奥が四畳半の居間。二階も四畳半のようだ。

壁に押しつけられたちゃぶ台にむかって、母親はうずくまるように座っていた。彼女が帰ってくるのを外で待って、なかにいれてもらって対座したのだが、彼女の姿と気落ちした表情を見て、わたしは取材する意欲をなくした。なにを聞いたのかも覚えていない。

「この駐車場が、マーケット長屋の跡ですね」とわたしはむかい側に住む理髪店の主人に確認した。彼は永山の兄(長男)の同級生だ、と言った。すぐそばの映画館は介護センターに変わっていた。長屋は解体されて駐車場になった。信じられないことだが、ボロ長屋は五年ほど前まで建っていたという。

「長男は野球がうまかったよ」

「則夫の下の妹は、うちの母親がやっていたパーマ屋（美容院）に就職したんだ」

則夫はどうでしたか？

「あぁ、一回もあだま刈りに来なかったナ。カネがなかったんだべ。母親がバリカンで刈ってたのセ」

そのころ、子どもたちは、みなイガグリ頭だった。リンゴの枝を切り揃える、剪定《せんてい》職人だった父親は、バクチで身をもち崩して、網走《あばしり》の出稼ぎ先から失踪、岐阜県で野垂れ死に、遺体で発見された。生活に行き詰まった母親は、五歳の則夫をふくむ四人の子どもを、網走の街に置き去りにし、三人の子どもだけをつれて板柳に帰ってきた。まだ四〇代、生活再建のためだった。が、捨てられた則夫たちは、厳冬の網走で、海岸に落ちている魚を拾ったりして、飢えを凌《しの》いでいた、という。

「金の卵」から「連続射殺魔」へ

貧しさゆえの育児放棄と兄たちの家庭内暴力が、末弟の則夫に集中した。そのトラウマは大きかった。でも、兄弟たちは健気に新聞配達や鉄くず拾いで食いつないだ。母親が引き取ったのは、春になってからだ。

中学校では長欠生徒。「形式卒業」だった。集団就職者のひとりとして、リンゴの空き箱が、駅前の広場に積み上げられた板柳駅から、東京にむかう。暗い故郷からの脱出だけが、永山の希望だった。永山にとって上京は、貧しさから逃れたばかりではない。母親の冷たさ、兄たちの虐待、その怒りから万引き常習となった過去(一五歳にすぎなかったが)と現実の悲惨からの飛翔だった。

渋谷駅前のフルーツパーラーで、ほかの集団就職者とともに真面目に働きはじめた。「給料はだれからもらうのか」と研修で訊《き》かれ、新人店員たちは「社長から」と答えた。が、永山だけは「お客さんから」との〝模範〟解答だった。

輝いていた「金の卵」が、なぜ「連続射殺魔」へ変貌したのか。永山則夫の不幸は家庭崩壊や貧困ばかりではなかった。ちょっとしたトラブルで、渋谷のフルーツパーラーを飛びだしたあと、転職を繰り返した。その揚げ句、忍びこんだ横須賀米海軍基地内の住宅で、小型の女性用護身拳銃を入手する。それが最大の不幸だった。

護身用とはいえ、拳銃の獲得は永山を大胆にさせた。社会の被害者だった永山が、加害者へと転じた。のちに獄中生活のなかで、自分を見つめるようになってから、永山は「仲間を殺した」と深い反省に苛《さいな》まれる。彼が殺したのは、彼とおなじ貧しい労働者たちだったのだ。

わたしはどうして、永山と文通するようになったか、記憶がない。雑誌の編集者だったころにつき合っていた鎌田忠良氏が、『殺人者の意思』を上梓していたから、自分が永山について書こうとは思わなかった。永山支援の運動にもかかわっていない。

ところが、いま小説を書いている、と永山から手紙がきたのだ。それからしばらくして、わたしが編集委員や選考委員を務めていた「新日本文学賞」に永山が応募してきて、受賞した（一九八三年二月）。最初の小説「木橋」である。

わたしはその前に読んでいた「蕎薇をかくして」（『人民をわすれたカナリアたち』所収）を秘かに評価していたので、選評にそのことを書いた。すると、「蕎薇をかくして」を書き直した作品が、受賞第一作の「土堤」として送られてきて、『新日本文学』に掲載した。

最初の小説集『木橋』は、わたしの高校の同期生・故白取清三郎氏が、勤務先の立風書房から、一九八四年七月に出版した。わたしは帯文にこう書いた。

「獄中にいて、少年時代を追憶したにしても、それがあまりにも悲惨なものであることが、読むものの心を撃つ。彼は悲惨な逃走をやめて踏みとどまり、己の体験を凝視して『プロレタリアの運命』として描きだすことに成功した」

白取は担当編集者として、永山と何回か面会していた。わたしも白取と一緒に東京拘置所へ行って永山に会った。永山は快活で饒舌《じょうぜつ》だった。裁判の傍聴にも白取に同行した。法廷にはいってくるとき、永山はこちらにむかって明るく会釈した。永山の葉書は、いつも明るく、「こんにちは！」と書きだされていた。

一九八一年八月、東京高裁の船田三雄裁判長が、死刑から無期懲役に減刑した。この判決にたいして最高裁が破棄を決定、東京高裁への差し戻しを宣告した。そのあとだった。

死刑判決を破棄された検察が、「量刑不当」を理由にして、最高裁に上告する戦後最初の例になった。上告は、憲法違反か判例違反があった場合だけに許される(刑事訴訟法四〇五条)。裁判に敗れた検察は、未成年の事件にもかかわらず、永山を無理矢理、死刑台へと引きずり上げようとした。権力の冷酷さだ。ついに永山は、検察側の上告によって「死刑確定囚」となった。いのちが権力強化の手段にされたのだ。

生命力を集中して小説を執筆

処刑された永山の持ち物を受け取りに、東京拘置所へ行った大谷恭子弁護士は、房内に原稿用紙が、堆《うずたか》く積み上げられているのを見た。死刑が確定すると、接見や信書が制限される。外部に送ることができなくなった原稿だった。

一九歳で逮捕された永山則夫は、獄中でひとり、漢字と文章を書く練習をはじめた。その読書量と執筆量の達成は、奇跡といっていい。人間は死を意識し、生命力を集中すれば、これだけの成長ができるのだ。

小説「木橋」のテーマは、板柳町の西側を流れる岩木川が、大雨によって増水し、流失しそうになった木橋の危機感である。その不安感は、母親から置き去りにされたあと、網走港に架かる長い木橋を渡っていたときに感じた、橋の揺れと存在の恐怖につながっている。

「彼が一番落ち着いていたのは、永山作品の読者だったミミという愛称の女性と獄中結婚していた八〇年から八六年ごろだ」と大谷弁護士がいう。わたしも地方取材の折など、絵はがきを送っていた。

獄中で外の景色が見えないのを不憫《ふびん》に思っていたからだ。高裁で差し戻し裁判がはじまっていた。彼が三五歳のときに送ってきたはがきに、几帳面な字で、こう書かれている。

「こんにちは！　その後お元気ですか。キタキツネの絵ハガキ、どうもありがとうございました。札幌におられるのですね。近く妻と大谷㊕が、函館の遺族の方の所へ訪ねます。先日、二人の㊕が板柳に行きました。今年雪が多そうです。

いま、『N少年の第一章』という無期のときの控訴趣意書の精神鑑定批判の写しを綴り終えます。これは『朝日ジャーナル大賞』への応募稿です。ではまた。お体を大切に。お元気で！　草々」（一九八五年二月八日）

労働現場の底辺を逃げまわった永山は、自殺志願者でもあった。逃亡時、恐怖にかられて咄嗟《とっさ》に引き金をひいた。被害者はガードマンとタクシー運転手がふたりずつ。カネ目当てではない。この頃、遺族に謝罪金を支払うために、自分の印税をミミに託していた。四人のうち二人の遺族が受け取った。残りの印税と、年に一回のチャリティ・トーク、コンサートの収入を、「永山子ども基金」が「ペルーの働く子どもたち」のための団体に寄付している。現在までに寄付した総額は、二二五〇万円に達している。

自殺願望から殺人への暴走

「極刑とすることに躊躇《ちゅうちょ》せざるをえない」として、無期に減刑した東京高裁・船田三雄判決に影響を与えたのは、精神科医の石川義博氏だった。

永山の精神鑑定の期間は、永山のカウンセリングの期間でもあった。いくつかの著書の裏表紙を飾っている永山の笑顔の写真は、石川医師が鑑定のあとに撮ったものだ。永山の精神的な解放感が表れている。二〇一七年七月のチャリティ・トークで石川医師は、こう語った。

「永山は『自分は救われた、でも被害者の遺族が救われなければ何にもならない』といっていました。まず反省ではなく、何があったかを自分の言葉で語れるようになって、はじめて被害者の痛みも理解できるようになるのではないでしょうか」

永山に長くかかわった大谷恭子弁護士は、犯罪者の更生とは、人間の悪を退治して善人に変えるというのではなく、人間に善と悪とが共存しているのを認め、人格のなかでバランスがとれるようになることを、「人間的」として認めることではないか、という。

獄中で永山はどう人格を形成したのか。処刑直前、最後の面会者として、資料を託された市原みちえさんは「そのプロセスは、彼が残した膨大なノートや原稿のなかに記録されている。この資料を『未来への遺産』として保存する場をつくりたい」と考えている。

永山事件から四〇年たった二〇〇八年六月、秋葉原の歩行者天国にトラックを突入させて、歩行者をはね飛ばし、道ばたに倒れたひとをダガーナイフで襲うという、事件が発生した。加害者は二五歳の加藤智大《ともひろ》。実家は永山の板柳町にちかい青森市である。

このとき、日比谷公園に「派遣村」が出現するなど、派遣労働者の悲惨がクローズアップされていた。加藤は自動車工場の派遣労働者だったが、ロッカーのなかの「作業着」が隠されていたことで、「ぶち切れました」と書いている(加藤智大『解＋』)。

しかし、「それは『きっかけ』ですから、動機ではありません」とも主張している。

東北の辺境から都会にでてきた寄る辺ない労働者、永山は疎外されたはてに、連帯の媒介でもあるかのように拳銃の弾丸を使った。加藤智大は孤独を埋めるためにナイフを使った。人間関係を断ち切った罪は、深い。

「金の卵」から「派遣」へ。そしてこれからは、「外国人労働者」へ。「非正規」や身分不安定な労働者が、職場でいじめられるたびに、無差別殺人を犯すということはあり得ない。

しかし、いまも、貧困にあえぎながら、バラバラに分断されているこの社会で、自殺願望から殺人へと暴走する予備軍は、ふえつつあるかもしれない。永山の痛恨の想いは、自分が犯した無差別殺人が、おなじ階級内での「仲間殺し」だったことだ。

永山の無惨な軌跡は、現代における、見捨てられた「プロレタリアートの悲劇」を暗示している。

丸山議員「戦争」発言の背景

成果が問われる発言の追及

二〇一九年六月下旬、自民、公明、維新は、野党が提出した安倍内閣不信任決議案を否決し、通常国会が閉幕した。このとき、どこに隠れていたのか、平然と姿をあらわしたのが、丸山穂高《ほだか》議員。「戦争発言」で物議を醸《かも》したあと、雲隠れをきめこんでいた。この三五歳の衆議院議員は、どこかに逃げ込んで、自分が起こした騒ぎが鎮まるのをじいっと待っていたようだ。

猫の手も借りたい、衆議院での不信任案採決に、政権擁護の挙手マシーンとして、恥知らずにも、病気を理由に休んでいた国会に姿をあらわした。迎合の計算であろう。所属していた維新の会は、あまりにもひどい発言に、「関係ありません」とあっさり除名処分。無所属になっていたが、自公維新に追随して、安倍内閣不信任決議採決に、反対の一票を投じた。

しかし、「戦争しないとどうしようもなくないですか」との、丸山議員の不穏な声は、けっして消えてしまったわけではない。あのぎょっとさせる発言は、「令和」(倭＝大和に、命じるどこかの国)の浮かれた元号騒ぎが消えたあとでも、残響を響かせている。

「戦争しないとどうしようもなくないですか」。二重否定の婉曲《えんきょく》話法だが、丸山が言ったのは、明白な戦争鼓吹論だった。

戦後はじめて、現職の国会議員が「戦争しないのか」と他人を煽《あお》った歴史的発言である。これが時代錯誤の馬鹿げた暴言、として記憶されるのか、それとも彼が崇拝する日本軍国主義復活の先駆者となるのか。それはこれからの、わたしたちの運動の成果にかかっている。

平和憲法の鬼子

丸山穂高議員の発言は、「武力の行使は、永久にこれを放棄した」日本国憲法九条を、ドブに投げ捨てる憲法違反の言辞である。そればかりか、九九条「この憲法を尊重し擁護する義務を負う」国会議員の義務違反でもある。

といっても、安倍首相みずから憲法を蔑《ないがし》ろにしているのが現実だ。口をひらけば「憲法改定」「防衛力増強」「日米同盟の強化」を唱え、戦車に乗ったり、戦闘機のコックピットに入ってポーズをとったり、病的に武器が好きな安倍もまた、平和憲法の破壊者である。

安倍首相の精神は、祖父・岸信介以来の対米追随による保身術に支配されているのだが、その長期在職(日本憲政史上最長)が、ところ構わず戦争を鼓吹する、若き国会議員の出現をもたらした、ともいえる。維新の会は、彼を三期も当選させていた(その後、彼はもっとも右翼的な「N国」党に移った)。

丸山議員の発言が、北方四島の国後島《くなしり》で、それも国後島から追われた元島民の老人たちにむけての発言だったことは非常識にすぎる。いうまでもなく、国後、択捉《えとろふ》、歯舞《はぼまい》、色丹《しこたん》などの四島は、日本の国土だったのだが、敗戦間際、ソ連軍に占領され、いまなお実効支配されているものである。だから、四島返還は日ロ交渉の最大のテーマである。しかし、元島民がビザなし渡航によって、現地に住むロシア人との交流を深め、ようやく墓参ができている現状なのに、元島民の心の傷を抉《えぐ》るように、「奪還戦争で解決しないのか」と煽る無神経は許されるものではない。

人間的な想像力ゼロの議員が、国会で大手を振る時代になった。丸山議員は安倍政権支持だが、その安倍首相は「日米同盟強化」まっしぐらである。彼は「武力行使の放棄」を世界に約束した日本国憲法に違反し、トランプ米大統領に言われるままに、軍備強化し、巨額な予算を兵器購入に充てている。

軍拡議員は選挙で落とす

あまりにもむき出しな丸山議員の戦争論にたいして、国会での「辞職勧告決議案」が議題になった。が、わたしは「言論によって身分を剝奪していいかどうか」との反対論を、『東京新聞』二〇一九年五月二一日の連載コラムに、「好戦と反軍」のタイトルで書いた。

戦時中、ひとり衆議院で反軍演説を打って、議員除名処分にされた、斎藤隆夫の故事が念頭にあった。将来、少数となっても反戦を訴える場面をむかえるかもしれない。そのときに後悔しないためである。選挙で当選した者は選挙で落とすしかない、それが議会制民主主義の要諦《ようてい》であろう。

反対意見にも耳をかす精神を、ヴォルテールに学ぶべきだ。「あなたの意見には反対だ。だが、あなたがそれを主張する権利は命をかけて守る」。戦争論などは言論ではない、と丸山を批判する意見もあったが、すこし前までは反軍論など言論ではない、と言われていたのだ。

丸山議員の勘ちがいに、安倍政治が歪んだ形で投影されている。

安倍首相は、米国とイランの間の「仲介役」を演じるためにイランに出かけ、空振りでノコノコ帰ってきた。フランス『ル・モンド』誌は「ドナルド・トランプのイラン特使」とやっつけたが、トランプの権力を笠に着る、「トランペット」の姿は世界での嘲笑の的だ。

年金がこれからどうなるか判らない、というのに、トランプとのゴルフの合間に、一機一四〇億円のステルス(見えない戦闘機)F35を一四七機、ミサイル防衛のイージス・アショアを二基六〇〇〇億、さらにオスプレイの大量買いなど、維持費、部品交換、「思いやり予算」をふくめると、一〇兆円におよぼう。これほどの兵器をあわてたように爆買いするのだから、外国から戦争準備と思われても仕方がない。

歴史の奥底から、またぞろ本音がでてきた。だからといって、あわてて、除名処分などで蓋をしてすむ問題ではない。

V

叛逆老人列伝

石牟礼道子

──「小さな命」の仇討ちに賭けた生涯

石牟礼道子《いしむれみちこ》は不思議な作家である。地上よりすこし上、やや中空から見下ろしているような、透明な視線を感じさせられる。ふとその視線が気になって読み返す。これからも、そうなるだろう。

たとえば、海が鉄扉によって情け容赦もなく遮断され、埋め立てられようとしていた、長崎県諫早《いさはや》湾内を歩いていて、眼路《めじ》の限りどこまでも、まるで撒き散らしたかのように、大量の白い貝の死骸が拡がっているのを目撃したとき、あるいは、福島県浪江《なみえ》町で、大震災のあと、まだまったく手つかずの海岸に、大波を受けて崩れ落ち、流れだしたコンクリートの堤防の残骸が転がっている光景を目撃したとき。その下で大量の放射能をふくんだ波に身を任せている、貝や蟹やエビや虫たちの小さな命に、思いがおよぶようになったのは、『苦海浄土《くがいじょうど》 わが水俣病』や『椿の海の記』を読んでいたからだ。

海と陸のあわいにある渚や海にそそぐ川の岸辺で、目には見えない虫けらどもが哭《な》いているのを、石牟礼さんは文章で掬《すく》い上げた。わたしたちがその微細な世界を知ることができたのは、彼女の尋常ではない眼力と聴覚によってである。

「微粒子のような泥のたまりがあると、睫毛《まつげ》をみひらいたような蜆《しじみ》の目がふたつ並んでいるのだった」(『椿の海の記』)

福島原発事故のニュースを聞いたとき、わたしは、中尊寺落慶供養願文の一節を想い起こした。

「古来幾多なり。毛羽鱗介の屠を受くるもの、過現無量なり。精魂は、皆他方の界に去り」

ここには、獣も鳥も魚も貝類の精魂も、みな人間と平等に一緒に祀られているのだ。

石牟礼さんに最初にお会いしたのは、『苦海浄土』を出版された直後だった。ある週刊誌の取材でインタビューをお願いしたい、とお宅を訪問した。割烹着姿で玄関先に出てこられて、「これから、部落の寄り合いがあります。お付き合いですから」とはにかむような笑顔を見せた。

「わたしのことより、ベッドに寝たっきりの松永久美子さんのことを書いてください」

つまりは、取材は断られたのだが、自分なんかよりも、患者さんを、という姿勢によっている。それは『苦海浄土』の、第一回大宅壮一ノンフィクション賞の受賞を、辞退したことにも通じていよう。

記憶によれば、松永久美子さんは、そのころ一六歳ほどの少女だった。病院のベッドに横たわって意識はなく、長く、美しい睫毛をしばたたかせているだけなのが、ことさら残酷さを感じさせた。

水俣病患者の運動は、一任派と訴訟派とに分裂させられていた。石牟礼さんは水俣病市民会議の会員で、裁判闘争を支援していた。厚生省前に坐り込みに来られたので出かけて行った。と、ある新聞社の敏腕で鳴るエリート記者が、石牟礼さんになり代わって執筆した坐り込み闘争記を手に、署名してほしい、と説得していた。スクープ狙いだが、エリート記者は、地方に住む「主婦作家」のひとりとしてしか、石牟礼さんを見ていなかったのだ。

のちに熊本市のお宅を訪問したとき、その話をしてみたのだが、「わたし、引き受けたかしら」と問い返された。その非礼は覚えているほどのことではなかったようだ。

「私達は『手負い猪』になるなら、最も悲惨・苛烈・崩壊・差別の原点『水俣』から日本を血だるまで駆けめぐりたい」(『天の魚』)

石牟礼さんも参加した、チッソ本社前での、川本輝夫さんなど、「坐り込み患者一同」のビラの一節である。石牟礼文学が、「ほろぼされるものたちになりかわ」(『苦海浄土』)って、書き留める決意から出発したことを忘れることはできない。

『苦海浄土』は、エリート記者の東京言葉などではない、「土語《どご》」による世界への出発だった。東京の文学について石牟礼さんはこう語った。

「心の襞《ひだ》というのか、デリカシーが限りなくたりないような、もっと人間のこころというのはちがう」(『週刊金曜日』二〇〇六年九月一日、対談・鎌田)

村々の選良たちは東京に行ってしまって、故郷の底辺の気持ちを知る機会のないまま、都市市民になってしまう。「方言を新しい語り言葉として甦らせてゆけば、水俣の現実をいくらか書けるかなと思って書きはじめたのです」と石牟礼さんは謙遜して言った。

こうして、自然の声、水俣死者たちの声をこころで聴き、地霊の言葉で描く、あたらしい石牟礼文学が誕生した。

石牟礼さんは、「大廻《うまわ》りの塘《とも》」(『椿の海の記』)のことを心配していた。

「この塘一帯はいま、チッソの八幡プール残渣《ざんさ》の下に生き埋めのまま、神々とともにあった、ひとびとの壮大な魂の世界は水銀漬けとなり、わたしの村の目前にある」

わたしの対談で、「大廻りの塘」について、二度ほど、心配そうに話された。

「チッソの汚染は海を中心に心配されてきましたが、かつて河口岸に大量に捨てられた有機水銀をふくむカーバイトの堆積が、将来どうなるか、それが心配です」

これからも視えないものを凝視し続ける、石牟礼さんのやわらかな視線を、わたしはいまもやや右上前方に感じている。

上野英信
――ある記録文学者の家庭戦争

炭鉱教の教祖

上野英信《えいしん》は、「金を惜しむな、時間を惜しむな、命を惜しむな」と言いつづけ、それを全うして世を去った。生涯、炭鉱に命を賭けた記録作家だった。

かつて、「筑豊炭田」といわれた北九州炭鉱地帯の、「炭住《たんじゅう》」と呼ばれた炭鉱の長屋に住んでいた上野さんのもとに、全国から崇拝者が集まってきた。『追われゆく坑夫たち』を書いて、失業坑夫たちのどん底暮らしを描ききった上野さんは、次作『地の底の笑い話』の著者でもあって、座談の名手でもあったから、いつしか炭鉱教の教祖というべき存在となっていた。

取材に訪問した新聞記者やテレビマン、フリーライターや編集者たちは、その後も取材にかこつけては再訪し、文字通り日夜、彼の家の食卓を囲んでは酒を飲み交わしていた。というわたしもまた、その末席を汚していたひとりである。

炭鉱の滅亡とともに、上野さんも忘れ去られたようにあつかわれているが、その苛烈な取材魂と取材対象に懸けた熱烈な想いは、たとえ炭鉱が滅びたにしても滅びることはない、とわたしは信じている。

上野さんが亡くなったのは、一九八七年晩秋だった。その年の二月に、食道がんが発見され、九州大学で治療を受けた。

そのあと、八月に沖縄へむかって出発しようとした朝、自宅で倒れた。すでに脳に転移していたのだが、彼はそれに気づくことなく、沖縄取材の準備をしていた。沖縄の一族の転変を通して、沖縄の近現代史を描いた『眉屋私記』の続編を書くためだった。まだ六四歳だった。その未完が本人の心残りだったことはまちがいない。

九大病院をわたしが見舞ったときにも、まだ上野さんのこころは沖縄に飛んでいて、いつものように病室は明るい雰囲気だった。

炭鉱労働者への遺言

戦時中の一九四一年、上野英信は日本の植民地「満州」(中国東北部)の首都、新京(現・長春)郊外に建設されて三年目の「建国大学」に入学した。「五族協和の王道楽土」のスローガンによって建国された満州である。「建国大学」は、日本人以外にも、満人、漢人、朝鮮人、蒙古人、白系ロシア人を入学させ、衣食住をともにする、という国策大学だった。しかし、敗戦によって満州国は崩壊、当然のことながら建国大学も崩れ去った。

学徒出陣によって、奉天省で陸軍に入隊したあと、上野さんは日本に派遣され、広島で陸軍船舶砲兵教導隊見習い士官になっていた。このとき、原爆が投下され、被爆負傷している。その後、後遺症に苦しむようになる。敗戦を迎えたあと、京都大学に入学し直した。

建国大学で、ドイツ文学者の登張竹風《とばりちくふう》の薫陶を受けていたから、京大では中国文学の学究になるつもりだった。が、一年後、卒然として退学、北九州に移住、一坑夫となって地底に潜った。極端である。

戦後、労働運動のなかで、文化運動が盛んになっていた。労働者芸術の創造を目指していた上野さんは、文芸誌を発刊、その巻頭言にこう書いている。

「自由といひ、革命といひ、階級といふ。然《しか》しそれらの根底に発動する人間性の自覚なくしては、果たしてそれはいくばくの価値があるであらうか。深い人間性の自覚に依って芽生えるもののみが、真に人類を導いて永遠の幸福に至らしめるであらう」

その後の社会主義国の崩壊を見れば、この上野英信の初心といかに懸け離れたものになっていたかがよくわかる。社会主義運動は、本来ならばもっともヒューマンな運動だったはずなのだ。戦後の一時期、日本共産党に入党していた。ソ連や東欧の共産党政権の没落を見ることなく亡くなったのは、物書きとして残念だったろう、と思う。

この炭鉱の文化運動の同人誌に書いた文章が、上野英信の初心だった。三八年後の一九八七年、死の直前の病床でメモ用紙に、ようやく書きつけることができた断片は、初心であり、炭鉱労働者にむけた遺言でもあった。

筑豊よ
日本を根底から
変革する、エネルギーの
ルツボであれ
火床であれ

冷徹な妻の観察

上野さんの本を書棚から引きだして積み上げ、ひろい読みをしながら、なにを書くべきか頭をひねっていた。たまたま、妻の晴子さんが書いた『キジバトの記』を手にして読みだし、止まらなくなった。彼女は夫の死後一〇年ほどあと、福岡のホスピスで七〇歳の生涯を終えた。

小柄で目のくりくりした女性だった。いつももんぺを穿《は》いて台所にたち、来客用の酒のつまみづくりに忙殺させられていた。ところが、死後に一冊の本としてあらわれたのは、怜悧《れいり》な観察者の目がよく行き届いた、過不足のない、キリッとした断念の文章だった。

襷《たすき》をかけた、あたかも仇討《あだう》ちにむかうような、凛《りん》としたその立居振舞を想い起こしながら、わたしはブレーキの効かないクルマに乗っているように、留まることなくつぎつぎと読み進むことになった。

「『いつまでたっても酒飲みの気持がわからん奴だ』と敵は怒っている。『酒飲みの気持ってそんなに上等なものかしら』などとかりそめにもつぶやこうものなら絞首刑だ。お手討ちだ。彼一人ならばともかく来客に気まずい思いをさせないように、私は腹の虫をぐっと押さえて笑顔を作る。

延々と続いた酒宴が一段落しようという頃、突然彼はのたまう。

『そろそろにゅうめんでも食べようか』

（中略）今、つらつら考えてみると彼はあのように女房をきりきり舞いさせて楽しみながら、世間の腰抜け男どもを見返しているつもりだったのかもしれない。いろいろ癪《しゃく》にさわりながら最終的に私の心に浮かぶのは、〈かわいそうな人〉という感懐であった」

上野さんから取材ノートを見せていただいたことがあるのだが、お寺の瓦の枚数まで記録しているほどに、徹底した取材者だった彼も、妻からこれほど冷徹に観察されていた、しかも、それが文章化されるとは、想像もしなかったであろう。

「彼は私を自分の好む鋳型《いがた》に嵌《は》めこもうとして、私が内面に保ってきたもののすべてを否定することから始めた。十代の頃から熱中していた短歌を禁じたのもその時である。容赦ないその態度は周囲の目にもつらく映じて『あなたがたはお互いを認め合って一緒になった筈《はず》なのに――』と私の母を嘆かせた。

（中略）私が生き延びてこられたのは、どんな時にも彼の仕事に対する信頼と敬意が薄れなかったことと、いつのまにか私が複眼を備えて、ものごとを多層的に見るすべを身につけたためではないかと思う。そうなれば自分をもありのままに観察することができる。私の自発性が次第に萎縮し衰弱してゆくすがたもよく見えた。私が時として無分別な衝動に駆られなくなったのは五十才を過ぎてからである」

「かわいそうな人」と言い、「生き延びてきた」「無分別な衝動」とも言う言葉の切っ先は、よく研ぎ澄まされて、鋭利である。彼女はけっして大げさなことを言うようなひとではないし、夫が望むように鋳型に嵌めこまれて終わるひとではなかった。夫にたいする、敬意と反発とのあいだで、優しさと厳しさを統一した、類い希な複眼を獲得していたのである。

上野家への来訪者は、毎日、踵《きびす》を接するように集まってきた。といって政治家に群がって利益の分け前をもとめにくるわけではない。みずから一升瓶を抱え、主人と酒を飲み交わし、歓談するべく訪れるのだが、料理を引き受けるのは晴子夫人だったから、彼女は「二台のガスコンロをつけ放して大車輪」（『キジバトの記』）の状態だった。のべ人員にしたらどのくらいになったのだろうか。

東京からも、さまざまなひとたちがやってきた。彼は「地獄の案内人」を任じていた。野間宏、野《の》坂昭如《さかあきゆき》、山代巴《やましろともえ》などの物書きや編集者、京都の高橋和巳《たかはしかずみ》、岡部伊都子《おかべいつこ》、地元九州からは、石牟礼道子、谷川雁《たにがわがん》、森崎和江などであり、さらに下の世代では、のちに上野英信の評伝一巻を書くことになる川《かわ》原一之《はらかずゆき》や松下竜一、林えいだい、佐木隆三・深田俊祐《ふかだしゅんすけ》兄弟などの面々である。わたしは彼らと、筑豊文庫で出会った。多いときには、月に百人以上の来客があった、という。

さほど売れた作家ではないから、火の車の台所を預かって、やりくりに頭を悩ましつつ、手際よく料理をつくりながらも、晴子さんはじいっと酔客たちの動静を観察していた。

「笑止なのは私の精神の纏足《てんそく》状態ともいえるいわゆる『女らしさ』に対して、男性の多くが快い印象を抱くらしいことであった。私はその反応を尺度にしてひそかに彼らを測った」

纏足にしていたのは誰あろう、愛する上野英信だったのだ。彼は「僕の目の黒いうちは晴子に文章など書かせません」と公言していた。それについて、成長を禁じられていた本人はこう書いている。

「男性女性の別なく、他人のためには惜しみなく協力した英信ではあるが、私だけは頑として斥《しりぞ》けた。文学の不幸を知り尽くした人の、妻に対する最後の愛情だったかとも思われる」

法王の騾馬になった晴子

上野さんが亡くなってから、晴子さんは、ぽつりぽつりと、月に四、五枚ずつのペースで文章を書いては溜めていた。息子の朱《あかし》さんは、こうしてできた『キジバトの記』の解説に、つぎのように認《したた》めている。

「それは母にとって上野英信の呪縛から自分を引き剝がし解放してゆく作業でもあった。その頃母は私にこう語っている。

『この頃やっと「こうしたら、こう言ったら、もしかしてお父さんに怒られるんじゃないかしら」って思わなくなった』と」

朱さんによれば、晴子さんは隠れキリシタンのように秘かに短歌をつくっていたそうだ。夫の死後、「次第に自信を取り戻してきた」が、それから八年たった秋、腹膜にがんが発見された。晴子さんは、笑って言った、という。

「昔から腹に一物、のあたし、やっぱり一物有ったわね」

夫は剣の遣い手だったが、妻の胆力も並ではない。しかし、妻ばかりが鍛えられていたのではなかった。家族の一員である、一粒種の朱さんも犠牲者のひとりだった。彼もまた母親譲りの観察眼で、洒脱《しゃだつ》な文章を書いている。

上野さん一家が住んでいたのは、まえにも書いたように、坑夫用の長屋だったが、補強工事をした玄関には、一枚板に「筑豊文庫」と横書きされた扁額《へんがく》が掲げられていた。一九六四年に炭住街での炭鉱図書館兼集会所を目的にして、この文庫は出発したのだが、炭鉱も急激に滅びて、集まってくるのは、当初予定の坑夫たちよりは、酒好きの物書きや記者たちのほうが多かった。

主亡きあとは、長男の朱さん一家が改造して住むようになったが、よそに移っていた晴子さんは、旧居が解体されるのは見たくない、と前日にきて家中を見てまわった。その母親の姿を朱さんは、「何度も寄りかかっては溜息をついたであろう台所の柱にさわり、庭をひと回りして別れを告げた」(『蕨《わらび》の家』)と書いている。晴子さんは、「あたしは法王の騾馬《らば》になるんだから」と常々言っていた。ドーデの作品である「法王の騾馬」は、忍従のうちにも秘かに蹄《ひずめ》を鍛え磨き、ある日、ついに宿敵を空高く蹴り上げる。そのような周到な妻でも、上野さんに死が迫っていたころ、異常な言動を繰り返すようになっていた、という。

「自分を叱り続けた夫がものを言わなくなるわけがない。そのことを事実として認めたくなかったのではないかと思う」

というのが、朱さんの見立てである。この夫婦像には、今流とは言えないにしても、古典的な美しさが凝固している。しかし、子どもはどう思っているのか。わたしはそれが気になっていた。自分のことなので、引用するのは躊躇しないではないが、ひとつの証言として読んでいただければ、と思う。

「両親が亡くなり、筑豊文庫も姿を消した後、嬉しかったのはルポライターの鎌田慧さんからいただいた手紙だ。幾度か我が家へこられたことのある鎌田さんは、いつも多くの来客で戦場のようであった筑豊文庫を振り返り、その片隅に佇んでいた私のことを『戦災孤児のようだったのでは』と書いてくださっていた。ああ、あの雑踏の中に私がいたことに気付いてくれた人もあったのだと、心に光が射し込む思いがしたものである」(『蕨の家』あとがきにかえて)

筑豊文庫は戦場だったのだ。だから、いつも一家は臨戦態勢を生きていた。上野剣士はペンを正眼《せいがん》に構え、その後に妻と子が襷掛けで続いていた。それは犠牲などでなく、共闘だった。笑いで参戦していたわたしたちにも、戦争責任はあったのだ。が、しかし、誰も気づいていなかった。

退路を断った覚悟の文学

わたしが、はじめて筑豊文庫を訪問したのは、一九七〇年になってからである。ひとりで行ったのだが、上野さんはバス停まで出迎えにきてくださった。夕方になっていた。深夜帰った記憶がないから、泊めていただいたのだと思う。

残念なことだが、どんな話をしたのかは覚えていない。洞海湾《どうかい》を舞台にしたルポルタージュを書くため、北九州小倉《こくら》に滞在していたころだから、取材先などを伺っていたのだと思う。

その本は、『死に絶えた風景』というタイトルで、翌年に上梓されたのだが、上野さんは心優しい書評を書いてくださった。三池炭鉱の労働者の歴史をあつかった『去るも地獄　残るも地獄』を取材するときは、大牟田《おおむた》まで同行してくださった。

これは尋常ではないことだ。ひとの取材に付き合ってバスや電車を乗り継いで大牟田に行き、そこに住んでいた年少の知人を紹介し、さらにふたりを鰻屋へ連れて行って、ご馳走してくれたのである。「金を惜しむな、時間を惜しむな、命を惜しむな」。この三箇条は、取材のことばかりではない。ひととの付き合い方でもあったのだ。家族にとって、彼は家族を犠牲にした偉大なるエゴイストだった。ところが、いったん外に出ると、まったく無私の奉仕家だった。それは「外面がいい」などと単純化していうべきことではない。彼にとっての運動だったのだ。

坑底で一緒にはたらく仲間とは、命懸けの付き合いである。大学を中退して最初にはたらいた海老《え び》津《つ》炭坑で、彼はそれを下請け組夫の仲間から教えてもらった。納屋（飯場）で寝るとき、垢《あか》だらけの冷たい布団が、ふたりに一枚だった。

「そんなキャベツみたいな厚着のまんまころがりこまれたんじゃや、おたげえにさむくてやりきれねえ。もっとはだかになるんだ。ぬいだ着物はな、ほらこんなふうにふとんのうえからかぶせるんだ。な、こうするてえと、おたげえの五体の熱でじかにぬくもるし、二人ぶんの着物をひとりで着たことになるわけだ」

おたがいの温もりのなかで生きる。自己犠牲と相互扶助の精神である。おたがいが裸になる人間関係を、上野英信は炭坑第一日目に学んだ。川原一之はその評伝『闇こそ砦』で、上野文学を、退路を断ったところでつくる「覚悟の文学」という。言いえて妙、というべきか。

林えいだい

——孤高の作家・記録の鬼

林えいだいは孤高の作家だった。福岡県田川市を活動拠点として、筑豊炭鉱地帯をはじめ、旧足尾銅山、さらには日本の植民地だった台湾、朝鮮など、圧政に苦しむひとびとの間をまわって記録した。マスコミ業界から遠く離れて、亡くなる直前まで、時間を惜しんで仕事をしていた。

林えいだいは快男児だった。猪突猛進というべきか、取材にすべてを懸けていた。写真も執筆も、ひとの二倍働いていた。それでいて人情にもろかった。

最初にお会いしたのは、一九七〇年の秋ごろ、彼が北九州市の職員を辞めた直後だった。市職員だったときに、北九州の公害被害を撮影した写真集『これが公害だ』を見て、わたしは四歳上の林さんが住む、北九州のアパートを訪ねた。そのときわたしは、洞海湾の公害を取材するため、長期滞在の準備をしていた。

結局、林さんは足尾銅山の公害を取材することになって事務所を引きあげ、わたしがそのあとを借りた。彼は家賃無料の大家さん、という恩人だった。

林さんと最後にお会いしたのは今年(二〇一七年)三月。福岡市で彼を主人公にした記録映画『抗《あらが》い』

が上映されたときである。わたしは、その舞台あいさつに出演した足で、田川市の林さんの自宅を訪問した。それまで、彼がごくたまにしか電話口に出なかったのは、入院と退院を繰り返していたからで、電話の声はいつも苦しそうだった。

その日は、上野英信さんの子息の朱《あかし》さん、記録作家の川原一之さんを交えて、資料が積み上げられた書斎で、二時間ほどおしゃべりをした。声はかすれていたが、ずうっと笑顔で話していた。まだまだ仕事に意欲をみせていた。入院したのはそれから間もなくだった。そしてそこで亡くなった。

林えいだいは記録の鬼だった。貴重な資料を発掘し、当事者の証言を録音し、写真を撮って、近代史の暗部を描いた。亡くなったのは、九四年前に関東大震災が発生した日だった。

この日、膨大な朝鮮人が虐殺された。犠牲者たちは、もっと話を聞いてくれ、もっと書いてくれと願っていたであろう。その声を受けての昇天だった。

むのたけじ
——気骨のジャーナリスト

自衛隊は、スーダンへの「駆けつけ警護」の訓練をはじめる、と稲田朋美防衛大臣が語った。いよいよ、戦争の準備である。このキナ臭くなった戦後最大の危機のとき、かつての従軍記者だった、むのたけじさんが世を去った。二〇一六年八月二一日。

彼の最後の演説は、五月三日、有明《ありあけ》防災公園での、「戦争は絶対許されない」というものだった。むのさんの亡骸《なきがら》が斎場に到着したのは、他界して二日後の朝だった。竈《かまど》のなかから台車に乗ってあらわれたお骨を、骨壺にいれるとき、「気骨」という言葉が、突然、思い浮かんだ。屈しない心意気。骨太な精神性。

納骨の係員が、その歳のご老人なら、この三分の一程度です、と壺のなかで盛り上がったお骨を、手袋の両手で底にむけて押し込んだ。一〇一歳。小柄なひとだったが、いつも泰然と座っていて、肩《けん》胛骨《こうこつ》がしっかりしていた。硬骨、奇骨、叛骨。軟弱ではなかった。

東京湾岸の有明防災公園でおこなわれた、今年(二〇一六年)の憲法集会のメインスピーカーを、むのさんにお願いした。そのとき、末っ子の大策さんの押す車イスで登壇した写真が、遺影として骨壺とともに、いま自宅に飾られてある。白髪を風になびかせながらの、大音声の演説は、五万の聴衆を魅了した。

「ぶざまな戦争をやって、残ったのが憲法九条だ。九条こそが人類に希望をもたらすとわたしは受け止めた。そして七〇年間、国民のだれをも戦死させず、他国民のだれをも戦死させなかった。これが古い世代にできた精一杯のことだ。この道はまちがっていない」

写真を仔細《しさい》にみると、幽《かす》かに微笑んでいる。激昂しているようで、観衆をよく観察している。一〇一歳、現役ジャーナリストのしたたかさである。

敗戦を告げる天皇の「放送」を聞いたあと、三〇歳のむのたけじは、朝日新聞を決然として去った。軍部の幹部ばかりか、新聞社でもだれも責任を取ろうとしなかった。それを追及した彼は、自分で取ることにした。潔すぎる決断だった。

大新聞記者をやめて地方紙に移ったあと、彼は故郷の横手（秋田県）へ帰った。「日本の新聞はやがてまたおなじように戦争協力の記事を書くことになるだろう」（『たいまつ十六年』）。

横手市で『たいまつ』新聞を創刊した。手づくりである。旧弊な町で徒手空拳、民主主義と反戦を標榜する新聞を維持するなど、荒地に植林するような、気の遠くなる冒険だったはずだ。

生活に行き詰まり、自殺を考えたこともあった。が、むのたけじはやり抜いた。地域で新聞を発行し、座談会を組織し、集会をひらいた。最後の集会参加が、五月三日の東京での憲法大集会だった。車イスで参加した。大音声《だいおんじょう》を張り上げ、そのあと入院、ついに恢復しなかった。本人はあと二年は発言するつもりだった。

「わが身をわがペンで刺しつらぬいていない文章は、なにが書かれていようと、どのように書かれていようと、ヒマつぶし以外には役に立たない」(『詞集たいまつⅡ』)

一四年前、拙著『反骨のジャーナリスト』で、わたしは、それを敷衍《ふえん》して、こう書いた。

「『客観主義』などといって、主体のかかわらない、奥歯にもののはさまったようなのが、マスコミ特有の文章である。これにたいして『たいまつ』の言説は、たちまちにしておのれにハネかえってくる言論である」

憲法違反の「出兵」が迫っている。むのたけじの出発は、体を張った自己批判からだった。彼はいまジャーナリストに反戦の思想と決意を問いかけている。

わが友 石川文洋

——石川文洋《ぶんよう》は、人生の天才である。

一歩一歩、マイペースで、まっすぐに歩んで右顧左眄《うこさべん》しない。大きな声をあげることなく、さりげなく、着実に目的を達成する。六五歳で日本列島、徒歩縦断貫徹など、人生の天才たる証明である。

——石川文洋は、不死身の男である。

ベトナム戦争に四年間従軍取材した。戦場で命を落としたカメラマンは多かった。が、彼は胆大細心、無傷で帰還した。その膨大な戦場の写真は、死線を越えてきた男の足跡の記録である。

——石川文洋は、友情に篤《あつ》い男である。

この映画『石川文洋を旅する』にも、高校の同級生が登場する。七〇代の老人になった夜間高校のクラスメートたちが、一〇代のようになにかにつけ集まってくるのは、一種の美談である。

――石川文洋は、寡黙な男である。

酒の席で、仲間たちがワイワイガヤガヤやっていても、いつも隅っこに座って、にこにこ聞いている。しかし、いったん発言すれば岩のように頑固である。大人なのだ。

――石川文洋は、酒仙である。

著書は朝日文庫の『戦場カメラマン』(一九八六年)、『報道カメラマン』(一九九一年)などかぞえきれず、写真集もまた多い。それでも、わたしが一番好きなのは、世界の酒とバーについて書いた『サイゴンのコニャックソーダ――酒こそわが人生』(二〇〇九年、七つ森書館)だ。

石川文洋と最初に出会ったのは、三〇年以上まえ、おたがい四〇代前半。三里塚《さんりづか》(成田空港)闘争の真っ最中だった。わたしが泊めてもらっていた農家の縁先に、カメラを担いでゆっくり近づいてきた男は、まるでベトナムのジャングルから出てきたばかりのように見えた。

「私は、ベトナム取材までを第一の青春時代、香港とベトナムでの五年間の生活を第二の青春時代、朝日新聞社での十五年間のカメラマン生活を第三の青春時代と考えています。そして第四の青春時代を送るために、一九八四年、朝日新聞社を退社しました。四十六歳になってから、また青春の時代が始まったわけです」(『戦場カメラマン』あとがき)

――石川文洋は、ロマンチストである。

四六歳でまたフリーに戻って、紛争地に出かけた。ベトナムへ寄贈した大量の戦場写真は、ホーチミン市の戦争証跡博物館に飾られている。米軍が戦争中におこなった蛮行の記録は、ベトナムへ進出する米資本の野放図を食い止めている。

ベトナム戦争が終わって、来年(二〇一五年)で四〇年。日本は敗戦七〇年。息も絶え絶えになっていた、日本の旧支配層と軍需産業は、武器輸出と原発輸出によって、アジアに挑戦しようとしている。戦争は兵器の需要拡大の最大のチャンスである。戦争主義者・安倍首相は米トランプと一体化して、局地戦争ぐらいなら許される、と思い込んでいる。が、戦争は死者が死者を呼び、歯止めが効かない。

集団的自衛権の行使は、「限定的」と言ったにせよ戦争だ。「国民の安全と平和のため」の武力行使だと、この無知で小心な植民地主義者の三代目は言う。戦争を知らない権力者。敗戦に涙をのんだ祖父・岸信介が、亡霊として孫をマインドコントロールしている。

たかだか、七〇年の平和でしかないのか。日本国憲法の理想は、恒久平和である。未来永劫、戦争をしない。それは二一〇〇万人のアジアの被害者、三二〇万の日本人死者にむけた誓いだ。

——石川文洋の写真は、現在進行形である。

石川文洋は、戦争がフツーの人たちにもたらす悲惨を撮った。ベトナム戦争は、ベトナム人の米軍との戦争であり、ベトナム人同士の悲劇的な戦いでもあった。沖縄出身の石川文洋はその複雑な表情を写し撮った。米軍ばかりか、日本軍の被害にも遭った、沖縄の人たちの、悲劇の二重写しである。

あとがき

「もしもあなたたちが本当に事態を把握していながら行動に移さないのであれば、それは邪悪でしかありません。だから私は信じません」

孫の世代、というべき、スウェーデンの一六歳の少女、グレタ・トゥンベリさんの批判は、批判というよりは、決起を呼びかけるアピールだった。世界の大人たちはハッとさせられた。

「地球温暖化は、待ったなしの段階に差しかかっている。それなのに、まだ環境悪化を無視して、経済発展を優先させるのか」。それは未来からの叫びであり、ひとりで決行した蜂起だった。彼女の「学校ストライキ」は、世界一六〇カ国、四〇〇〇万人を動かした「グローバル気候ストライキ」を実現させた。そして、国連での「気候行動サミット」での演説となった。

「今後一〇年で（温室効果ガスの）放出を半分に減らす案がありますが、それでも気温が一・五度下がる可能性は五〇％しかありません。人間の手中にはおさまらないような、決して後戻りのできない連鎖反応が起きるリスクがあります」

しかし、この数字にはふくまれていないことがあります、と彼女は続けている。

「『ティッピング・ポイント』（地球の気候を構成する要素に急激な変化が生じる転換点）や、『フィードバック効果』の連鎖（温暖化によって生じる現象が新たな温暖化を引き起こすこと）、有害大気汚染に隠されたさらなる温暖化、『気候正義』や『気候の公平性』の問題についてなどです。（中略）こうなると、五〇％という数字は、私たちにとっては受け入れ難いものになります。その結果と生きていくのは、私たちなのですから」（高橋李佳子訳）

若者たちが裏切られている、というグレタさんの主張の前では、若者への不信などいえるようなものではない。日本の若者たちが運動に参加しなくなったのには、運動の形態とセンスが旧態依然、あまりにも古かったことがある。さらには、文科省による教育の管理体制の強化（自治会活動の衰退、大学内での「立て看」の禁止、個人情報の取得）、経済的には、就職氷河期の影響も大きい。

老人たちは、公害、原発、アスベスト、プラスチックなどの環境破壊をやめさせる努力をサボリ、無言でその分け前に与《あずか》ってきた。経済格差を拡大させ、人間の平等と人権をないがしろにする政治にたいする抵抗も弱かった。トランプ米大統領の言動によくあらわれているように、世界的にも格差と差別がひろがって当然とされている。

日本では、生活埋没主義が根強く、政治にたいする批判と行動は弱い。その間隙を縫って、政権の乱脈と私物化は近年稀なほど極まっている。安倍晋三首相の妻による「森友学園」への破格の国有地払い下げ、「腹心の友」加計学園の大学創設への便宜供与、新宿御苑「桜を見る会」での、公費をつかった安倍後援会の巨額接待。それでも、この倫理なき内閣はまだ倒れない。この政治的な無気力。いわば、虚妄の「戦後民主主義」を自分たちだけが費消して、恬《てん》として恥じない。

国会前に何十年ぶりにか、学生たちが姿をあらわして声をあげた。二〇一五年の特定秘密保護法案や安保法制の強行採決に抗議するSEALDs《シールズ》（自由と民主主義のための学生緊急行動）の登場だった。六〇年代後半のベ平連のような、ネットワーク型で、組織らしくない自由な組織だった。

「民主主義ってなんだ」と若者たちが呼びかけるスタイルは、これまでの日本の運動になかった対話形式で、安保法制に反対する集会のなかで新鮮だった。一年余りで組織としては区切りをつけたが、あの若者たちの行動力が、沖縄の辺野古基地をめぐる県民投票を実現させた。

二〇一九年秋になって、高校生たちが文科省の前に立って「生徒の声に耳を閉ざすな」などのプラカードを掲げて抗議した。大学入試センター試験の代わりの、新方式とされる「英語民間試験」は、入試の民間丸投げ、大手受験産業を利するための民営化といわれた。

萩生田光一文科相が「身の丈に合わせて勝負してがんばってもらえれば」と言い放ったのだが、経済的に苦しい高校生や遠隔地に住む高校生には、受験料の高い民間試験を受けるチャンスはない。「身の丈」（生活状況）で切り捨てて当然、大臣が教育の機会均等を否定するのも、いかにも安倍政治らしい。

結局、高校生たちが声をあげ、民間試験案は中止になった。時至れば、新しい人間はかならずあらわれる。老人の思いは死ぬことはない。

安倍政権の、過去を学ばず、未来を考えない、虚無的な政治にたいする闘いは、戦争でいのちを喪《うしな》った膨大な過去の死者たちとこれから生まれてくる未来のいのちとの共闘である。

この本の発行にあたっては、いつもながらさまざまな方がたの協力を得ました。沖縄の高江、辺野古、石垣島、宮古島で、戦争の危険に身体を張って抵抗しているひとびと、各地の原発再稼働に抵抗するひとたち、フクシマ原発の爆発事故の被害に遭われた避難者や被曝者たち、国会前などさまざまな場所で安保法制反対の声を上げるひとたち、冤罪や死刑をなくすために闘っているひとたち、このひとたちの協力と示唆に力おされて書き続けることができました。書く機会をつくってくださった「週刊金曜日」の伊田浩之さん、毎日新聞出版の黒川昭良、城倉由光、隈元浩彦、向井徹のみなさん、神奈川大学評論、共同通信、現代の理論、新社会編集部のみなさん、そしてこのような形にまとめてくださった、岩波書店の大山美佐子さんに感謝いたします。ありがとうございました。

二〇一九年一一月一五日

鎌田　慧

初出一覧

＊いずれも加筆・再構成。一部原題を変更した

はじめに　（一部『サンデー毎日』二〇一七年六月一一日）

Ⅰ

叛逆老人は今日も行く（『さようなら原発一〇〇〇万人ニュース』第二六号、二〇一九年六月二五日ほか）
戦前を知る叛逆老人たちの覚悟（『サンデー毎日』二〇一七年七月一六日）
森友・加計問題からの逃げは許さない（『サンデー毎日』二〇一八年四月一五日）

Ⅱ

やんばるの森の視えない戦争（『サンデー毎日』二〇一六年一一月二〇日）
オスプレイ墜落と高江の森（共同通信配信、『埼玉新聞』二〇一六年一二月一四日ほか）
ミサイル基地にされる沖縄・南西諸島（未発表原稿）
「叛逆知事」翁長雄志の遺言（『サンデー毎日』二〇一八年九月二日）
ステルス選挙vs市民選挙（『サンデー毎日』二〇一八年一〇月七日）
玉城デニー知事に聞く沖縄の針路（『サンデー毎日』二〇一八年一〇月二八日）

Ⅲ

生ぎろ東北！（『自治労通信』第七八九号、二〇一八年三・四月）
鉱毒と核毒（『神奈川大学評論』第八九号、二〇一八年）

原発マネーで壊れた男の半生記(『サンデー毎日』二〇一七年九月一七日)
再処理工場廃棄宣言(『現代の理論』二〇一八年新春号)
シジミ貝たちの見る夢(『現代の理論』二〇一八年春号)
原発の跡で(『さようなら原発一〇〇〇万人ニュース』第二三号、二〇一八年一月一〇日)

Ⅳ

死刑大国と戦争願望(『arc(アーク)』第一三号、二〇一九年)
無実の死刑囚・袴田巖(『週刊金曜日』二〇一五年二月一三日)
三鷹事件 再審請求棄却判決の誤謬(『週刊金曜日』二〇一九年九月二七日)
永山則夫 未完の連続射殺事件(『サンデー毎日』二〇一八年一二月二日)
丸山議員「戦争」発言の背景(『週刊新社会』二〇一九年七月九日)

Ⅴ

石牟礼道子――「小さな命」の仇討ちに賭けた生涯(『サンデー毎日』二〇一八年三月四日)
上野英信――ある記録文学者の家庭戦争(月刊「望星」編『不良老人伝』東海教育研究所、二〇〇八年)
林えいだい――孤高の作家・記録の鬼(共同通信配信、『東奥日報』二〇一七年九月一二日ほか)
むのたけじ――気骨のジャーナリスト(『サンデー毎日』二〇一六年九月一一日)
わが友 石川文洋(『石川文洋を旅する』映画パンフレット、二〇一四年)

鎌田 慧
1938年青森県生まれ．ルポライター．
労働，原発，冤罪，沖縄問題などを取材・執筆するとともに，各地に足を運び運動につらなる．「「さようなら原発」一千万署名市民の会」ほかの呼びかけ人としても活躍．著書『自動車絶望工場』『六ヶ所村の記録』『原発列島を行く』『大杉榮 自由への疾走』『残夢』『悪政と闘う』『言論の飛礫』『声なき人々の戦後史』ほか多数．

叛逆老人は死なず

2019年12月19日　第1刷発行
2020年2月14日　第2刷発行

著 者　鎌《かま》田《た》 慧《さとし》

発行者　岡本 厚

発行所　株式会社 岩波書店
〒101-8002 東京都千代田区一ツ橋2-5-5
電話案内 03-5210-4000
https://www.iwanami.co.jp/

印刷・製本　法令印刷

ISBN 978-4-00-024490-9　Printed in Japan